颂礼

SONG LI 361 WEN

361问

木梓 著

人情世故智慧之道

U0837394

人民东方出版传媒
People's Oriental Publishing & Media
東方出版社
The Oriental Press

图书在版编目（CIP）数据

颂礼 361 问：人情世故智慧之道 / 木梓著. -- 北京：东方出版社，2024. 12. -- ISBN 978-7-5207-4210-8

Ⅰ. C912.11-49

中国国家版本馆 CIP 数据核字第 2024HZ8542 号

颂礼 361 问——人情世故智慧之道

（SONGLI 361 WEN——RENQING SHIGU ZHIHUI ZHI DAO）

著　　者：木　梓
责任编辑：王　艳
责任审校：金学勇
出　　版：东方出版社
发　　行：人民东方出版传媒有限公司
地　　址：北京市东城区朝阳门内大街 166 号
邮　　编：100010
印　　刷：三河市嵩川印刷有限公司
版　　次：2024 年 12 月第 1 版
印　　次：2024 年 12 月第 1 次印刷
开　　本：710 毫米 ×1000 毫米　1/16
印　　张：13
字　　数：155 千字
书　　号：ISBN 978-7-5207-4210-8
定　　价：68.00 元
发行电话：（010）85924663　85924644　85924641

前言

我国自古就被称为“礼仪之邦”，《荀子·修身》中有云：“人无礼则不生，事无礼则不成，国家无礼则不宁。”人情世故不仅是人际交往的润滑剂，也是个人成长与成功的关键要素。懂得将“礼”融入人情世故的人，能够更敏锐地洞察人心，更巧妙地处理人际关系，从而在人生的舞台上更加游刃有余地绽放光芒。

《颂礼361问——人情世故智慧之道》正是一本旨在通过“礼”揭示人情世故智慧的图书。与传统的说教式读物不同，它以一种生动、活泼的问答形式，将人情世故的精髓融入常见的生活场景中，涉及家庭、职场、社交、情感等多个方面，几乎涵盖了人们日常生活中可能遇到的所有情境。在一问一答之间，巧妙地揭示了“礼”在人情世故中扮演的重要角色。每一个问题都契合实际，引人深思；每一个回答都让人如拨云见日，豁然开朗。这种问答的形式不仅能够使得读者在阅读过程中收获更加轻松愉快的阅读感受，也更容易令读者产生共鸣，从而真正领悟到其中的智慧。

本书的另一大特点是实用性强，对于处理日常生活中的事件具有一定的指导价值和参考价值。书中的每一个问题都是在现实生活中可能遇到的，而针对这些问题，每一个答案也都结合相应的场景、人物关系等提供了切实可行的解决方案。无论是面对职场中的竞争与合作，还是处理家庭中的矛盾与纷争，抑或是应对社交场合中的尴尬与困境，读者都能从本书中找到对应案例，获得一些启发。

此外，本书在每章的章末还设置了与主题相关的“人情世故小问答”，让读者进行独立思考和练习，鼓励读者根据自己的实际情况和经验，对主题进行更深入的探索。这个过程不仅有助于读者更好地将“礼”与人情世故相融合，也能促进读者的个人成长。

总之，《颂礼 361 问——人情世故智慧之道》是一本集智慧、实用、思考于一体的书。它以一问一答的形式、贴近生活的场景和深入浅出的解答，为读者提供了一条探索“礼”与人情世故相融合的高效之路。相信无论你是初涉社会的年轻人，还是经验丰富的长者，都能在本书中找到属于自己的收获和启示。让我们一起翻开这本书，共同开启一段探索的旅程吧！

目录

第一章

言语之礼：褒贬有度，不为失礼

第二章

社交之礼：建立人脉，游刃有余

第三章

处事之礼：智慧应对，从容不迫

第四章

职场之礼：和谐关系，如鱼得水

第一章

言语之礼：褒贬有度，不为失礼

宁宁，你好啊！我是长征，欢迎你来我家做客！
你好，长征哥！我是宁宁，这两天就要靠你多多关照啦！
你俩就别客气了，长征哥，今天带我们去哪里玩儿？
去林子里采蘑菇吧，那里的风景可美了！
走喽，采蘑菇去喽！
喂！这是什么蘑菇呀？
这是红星头鬼笔，有毒的，别碰！
喂！这是什么？我还没见过这种蘑菇呢。
这是白参。大多数是白色的。

智慧心语

良好印象有可能帮你获取更多的机会与资源。在日常生活中，我们要注意与他人说话的方式方法及内容，避免因未使用礼貌用语或频繁提问引起对方反感。

1 言语有界，把握说话的分寸

在言语沟通中，我们不仅要传递信息，更要顾及他人感受，用恰当的言辞和语气，完整表述沟通的内容，从而建立和谐的人际关系。尊重他人，倾听他人的意见，学会换位思考，用同理心去理解对方，才能让彼此间的对话更加顺畅，让关系更加和谐。记住，说话的分寸感，往往能体现出一个人的修养和智慧。

张超加入社团后，凭借自己不懈的努力和卓越的艺术天赋，很快成为众人瞩目的“新星”。不过，他在人际交往方面有个不太注意的地方，那就是说话常常“不过大脑”，也不注意场合，令人尴尬。

恰逢社团一年一度的庆典，张超为了表达对平日里无私帮助自己的社团成员们的感激之情，决定挑选一份别出心裁的礼物。他选择了一件价值不菲且设计相当前卫的艺术品，并在展示时说：“这个礼物真的很独特，我觉得只有咱们社团的伙伴们才能真正欣赏它的美。瞧瞧，那些普通的礼物和它相比真是差远了。”

此言一出，原本热闹的庆典现场顿时安静下来。那些手中拿着准备好的礼物的社团成员表情尴尬，社团的几位前辈也用复杂的眼神看着他。尽管张超的初衷是表达感激，但他这番话让他在社团成员心中留下了不好的印象。大家都觉得他有些自以为是，也不愿和他一起做活动了。

人情世故问答

1

瘦高个儿

假如我的好朋友由于做错了事情而被长辈批评，我该怎么安慰他？

胖邻居

语言是有力量的，当朋友犯错时，我们可千万不能幸灾乐祸，而应该多多安慰朋友和鼓励朋友，让他感受到温暖。在朋友因为犯错被批评而郁闷时，我们可以对他说：“没事的，谁都有犯错的时候。只要能从中吸取经验教训并加以改正，不再犯相同的错误就好！”

2

瘦高个儿

当朋友向我炫耀他的高价物品时，我应该怎么回应？

胖邻居

你可以用一种既真诚又不过分夸张的方式回应。比如，你可以说：“看起来真不错！它真的很特别，很有品位，你肯定花了不少心思去挑选吧？如果拥有这么好的东西的人是我，我都不敢想象我得多么快乐。”这样的回答不仅表达了你对朋友物品的欣赏，还夸奖了朋友的品位。同时，也避开了直接谈论价格这一敏感话题。

3

瘦高个儿

家庭聚会时，亲戚询问我的收入，我应该怎么回复？

胖邻居

你可以说：“收入能满足基本的生活需求。不过，我更看重的是工作的稳定性和这个行业未来的发展前景。我觉得，只要努力工作，收入总会慢慢提高的。”这样的回答既不用直接透露具体数字，又表达了你对生活的积极态度和对未来的信心，让亲戚知道你是一个有责任感、有上进心的人。

瘦高个儿

4 **朋友送了我一份我觉得过于贵重或者不适合我的礼物，我该如何表达自己的想法才不会影响我们的友谊呢？**

胖邻居

朋友送给你礼物，证明他很珍视与你的情谊，所以你应该首先对朋友表示感谢，然后对朋友说：“感谢你的心意，收到礼物真的很让我惊喜，只是它对我来说有些太贵重了（或者也可以说：礼物可能不太适合我目前的情况），下次可别这么破费了。”这样说既表达了对朋友的感谢，又表达了自己的真实感受，能够让朋友更好地了解你的真实想法。

瘦高个儿

5 **朋友推荐我去参加一个养生培训班，但我不想去，该如何拒绝呢？**

胖邻居

你可以这样说：“非常感谢你的好意，我相信这个养生培训班一定很棒，你最近的状态看起来很不错，肯定在那里学到了不少有用的知识。但最近我的工作比较忙，家里也有事需要处理，时间真的安排不过来，我担心即使勉强挤出时间参加了也会因为工作和家里的事分心，跟不上进度，反而浪费了这么好的资源。（或者可以说：我对这方面的信息真的不感兴趣，你的好意我心领了。）不过，我很乐意听听你上培训班的心得，你愿意和我分享一下吗？”这样回答既表达了你对朋友的感激和尊重，也说明了你无法参加的原因。同时你也提出了一个建议，希望朋友能跟你分享在培训班学习的收获，这样既能促进你们的交流，也能让朋友感受到你的关心和在意。记住，拒绝要礼貌、坚定，同时也要给朋友一个台阶下，不要让对方觉得尴尬或者不舒服。

6

瘦高个儿

在人多的场合，如果有人对我出言不逊，我应该怎么回复？

胖邻居

你可以笑着回答："你提的意见挺有意思的，不如我们找个时间单独聊聊，别让大家扫兴。"这样的回答既显得你有教养，又能巧妙地把尴尬化解掉，还不至于让周围的人感到不舒服。既没有直接吵架，又婉转地告诉对方他的话不太合适，同时也保持了现场的融洽气氛。懂得人情世故，就是要控制情绪，不要冲动，用平和的方法来处理突发情况。既保护自己，也尊重别人，让事情得以顺利地解决。

7

瘦高个儿

如果亲戚给我提出了一些我不能接受的建议，我应该怎么委婉地回复呢？

胖邻居

对于长辈：

"谢谢您的关心和建议，我非常感激。我会认真考虑您的意见，并结合自己的实际情况来做出决定。毕竟，每个人的情况和想法都有所不同，但我一定会把您的建议放在心里，作为重要的参考。"

对于平辈：

"你的想法挺有意思的，谢谢你跟我分享。不过，关于这个问题，我可能有些自己的想法和考虑。我们可以一起探讨一下，看看有没有什么更好的解决方案。你的观点对我来说也很重要，我们可以互相学习，共同进步。"

8

瘦高个儿

如果有人向我打听别人的私事，我该怎么答复？

胖邻居

首先要分析两人的关系。如果两人关系亲近，比如是好朋友或家人，就以温和的语气提醒对方，直接询问当事人可能更为恰当，因为尊重个人隐私是很重要的。如果两人关系并不亲密，甚至完全不认识，就要更加谨慎地处理。无论关系如何，都不应该直接透露或背后谈论他人的隐私。你可以坚定地告诉询问者："很抱歉，关于 ×× 的私事，我认为直接问他本人会更为合适。我们每个人都有自己的隐私空间，尊重他人的隐私是一种基本的礼貌和素养。"这样的回答既保护了他人的隐私，也体现了自己的原则和立场。在人际交往中，维护他人的隐私和尊严，是建立良好关系的重要基石。

瘦高个儿

和别人吵架时，突然发现自己理亏，应该怎么做？

胖邻居

在这个时候，我们应该停止争吵，并向对方道歉："抱歉，是我理解错误，你说得很有道理。"这样不光给了自己台阶，也能让对方感受到你的真诚。冷静下来后，双方再进行沟通与交流。

人情世故说一说

在人际交往中，掌握说话的分寸至关重要，这也是"言语之礼"之一。一个人若能使用恰当的言语表达自己，处理起复杂的社会关系便会更加游刃有余，能够将事情处理得更加巧妙，维护和谐的人际关系。他们知道何时该直言不讳，何时该委婉含蓄，这种智慧使他们在社交场合中备受欢迎。

那么，我们应该如何把握说话的分寸，从而更好地维护人际关系呢？其实，这要根据情境来决定。

场景一：在参加社区活动时，如果你发现一起参与活动的伙伴制订的活动计划有纰漏，你要如何巧妙地指出他的问题呢？

在这个时候，我们一定不要直接说出别人的问题，让他难堪。我们可以这样说："我觉得你的活动计划创意十分新颖。但让我觉得美中不足的是……如果这个问题能够得到改进，那么我相信这个活动计划一定会变得特别完美。"这样说不仅给伙伴留了面子，还恰到好处地指出了伙伴的问题。

场景二：在社交场合，朋友一直在不停地炫耀，让在场的其他人有些尴尬。这个时候你要如何巧妙地制止他的这个行为呢？

首先，我们可以顺着朋友的意思夸赞，然后不着痕迹地把话题转移。比如，我们可以这样说："哇！那你确实很厉害啊！对了，我听说了一个特别有意思的事，厉害的你可绝对不能错过！"我们无法直接阻止朋友的炫耀，但我们可以转移话题，让场面不再尴尬。

场景三：在约会时发现没有话题可聊，怎么办？

在找不到聊天话题时，可以试试从两人的兴趣爱好入手，问问对方平时喜欢做些什么，爱看什么电影或者读什么书。如果发现有共同爱好，可以就此展开话题，进行交流。切记，不要先入为主，一开始就询问他人的隐私或谈论敏感问题，而是应该尊重他人的感受，在认真倾听的同时，也认真答复对方。

人情世故之道

在社交中，说话要把握分寸，这样能让他人感到舒服，增添对你的好感；反之，则可能导致关系恶化。说话能掌握分寸的人，也会为自己融入社会打下良好的人际关系的基础。

2 巧用赞美，人人都爱听好话

在人际交往中，适度赞美是一种社交礼仪。恰到好处的称赞能够增进他人对你的好感，促进关系的和谐发展。而过度或不真诚的赞美则可能适得其反，引起对方的怀疑或反感。因此，学会恰当地赞美他人，是掌握高效社交手段的关键点之一。

小张上个月刚搬新家，和邻居们还都不熟悉。同单元有个热心大姐李姐，很受欢迎。他发现，李姐每次组织活动，都会精心准备小礼物，而且在赠送时会附上几句贴心的话，让收到礼物的人满心欢喜。小张很羡慕，决心向李姐学习这份细腻与体贴。

一天，小张在社区的小花园里遇到了李姐，他鼓起勇气说道："李姐，我注意到，您每次准备的礼物都特别贴心，让人心里暖洋洋的，我真的很佩服您的细心和周到。您是怎么做到的呢？"李姐和善地笑了："小张，谢谢你的夸奖。其实，只要你用心去了解每个人，挑选合适的礼物，再加上一句真挚的祝福，就足够了。"

几天后，小张为了感谢社区里邻居们的关照，决定在周末的聚会上给大家一个惊喜。他根据每位邻居的兴趣和喜好，精心挑选了小礼物，并且亲手写了感谢卡，表达对他们热心帮助自己的感激之情。这一举动让邻居们十分感动，他们感受到小张对他们的尊重和珍视，邻里之间的关系也变得更加融洽了。

人情世故问答

1

瘦高个儿

在聚会上发现朋友穿了一件新衣服，我应该如何夸赞她？

胖邻居

你可以对朋友真诚地微笑，说："你今天这身衣服太好看了，特别适合你。这是在哪里买的，改天能带我去看看吗？"恰到好处的赞美不仅可以让朋友知道我们很关注她，知道她穿了新衣服，也能增进友谊。

2

瘦高个儿

在讨论活动方案时，组织者提出了自己的方案，我觉得很不错，应该如何赞美？

胖邻居

你可以这样说："你的方案给了我们一个新的思路。看了你的方案后，我发现自己的方案并不全面，也缺乏创新，存在着许多问题。相信在你的方案的指导下，咱们的活动一定能圆满成功！"

3

瘦高个儿

朋友尝试做了一道新菜，味道一般，我该怎么说才能避免让朋友不开心呢？

胖邻居

你可以温柔地说："哇，谢谢你做菜来款待我，我很开心！这道菜色彩搭配得很漂亮，虽然味道和我们在饭店吃的不太一样，但也是你独有的特色呢！这可是大厨都做不出来的。下次咱们一起试试'复刻'饭店的味道呀？"在朋友尝试新事物时，我们应该支持与鼓励，即使成果不是最理想的，也应让朋友感受到你的善意和包容。

4

瘦高个儿：孩子在学校的画画比赛中获奖，我该如何夸奖呢？

胖邻居：你可以满怀骄傲地说：“宝贝，你的画真是太棒了！它不仅展现了你的想象力，还体现了你对色彩的精准把握。我为你感到无比自豪，相信你的艺术之路会越走越远。”这不仅肯定了孩子的努力，还能增强他的自信心。

5

瘦高个儿：亲戚家新装修的房子很漂亮，我该如何赞美？

胖邻居：你可以赞叹：“你们家装修得真是太有品位了！每个角落都透露出你们的精心设计，既现代又温馨。你们一定特别用心吧，这绝对是一个让人放松和享受的家，住在这里肯定每天都会特别开心。”这样的赞美既表达了你对装修风格的认可，同时也能增进你们之间的感情。

6

瘦高个儿：在社交时与初次见面的人聊天，我该如何挑起话题？

胖邻居：你可以从对方的外貌、穿着、气质或者某个小细节入手，用简单而真诚的话语来表达你的赞美。你可以这样说：“您今天的穿着真是太有品位了，这件衣服穿在您身上显得格外有气质。”或者这样说：“您的发型真漂亮，很有美感和魅力，是请发型师专门设计的吗？”如果对方的某个小细节吸引了你的注意，比如佩戴的饰品或者携带的包包，你也可以说：“您这个饰品（包包）真是别致，在哪里买的呀？我也想买一个。”记住，赞美要真诚自然，避免虚假或者过分夸张，这样才能让对方感受到你的善意和诚意。同时，说话时也要注意观察对方的反应，如果对方不接话或者表情尴尬，就要适时转移话题，避免成为“话题终结者”。

瘦高个儿

7 朋友送了我一份用心准备的礼物，我该如何表达谢意？

胖邻居

你可以真诚地说："这份礼物真的太棒了，我很喜欢！你的用心让我特别感动。这份礼物对我来说意义非凡，我也要像你一样，在挑选礼物的时候格外用心。"这样的赞美不仅表达了对礼物的喜爱和感激之情，还能增进你和朋友之间的感情。

瘦高个儿

8 朋友换了一个不太适合自己的新发型，我该如何评价呢？

胖邻居

你可以说："哇，你换了新发型啊，你真的很有勇气尝试不同的风格呢！我觉得这个发型很有特色，让人眼前一亮。不过，你知道吗？你之前的发型也适合你，每种发型都有它的魅力。你这个新发型可能需要搭配一些特别的服饰或者妆容，才能完全展现出它的美。咱们可以一起探讨一下，怎么让你的新发型更加出彩！"这样的赞美既表达了你对朋友尝试新事物的赞赏，又委婉地指出了新发型可能不太适合他。同时，你还提出了一个建设性的意见，帮助朋友更好地适应新发型。这样的交流方式既维护了朋友的自尊心，又增进了你们之间的友谊。

瘦高个儿

9 朋友在社交媒体上分享了一张很漂亮的照片，我该如何赞美？

胖邻居

你可以在评论区这样赞美："这张照片真是太美了！你的笑容好灿烂，感觉就像阳光一样温暖人心。背景也选得特别好，把整个人都衬托得很出彩。看得出来，你真的很会拍照，每次都能捕捉到最精彩的瞬间。而且，你今天的状态也完全'在线'，简直就是行走的'美学教科书'！我得好好向你学习，也要拍出这么好看的照片。”这样的赞美既详细又真诚，不仅表达了你对朋友照片的喜爱，还让他感受到了你的认可和欣赏。同时，你也巧妙地提出了向他学习的意愿，这样的互动能增进你们之间的友谊，让彼此都感到愉快。

人情世故说一说

赞美是一种“言语之礼”，只有将真诚和技巧结合起来才能发挥出最佳效果。有效的赞美都是基于事实和情境发出的赞赏，而不是夸张的阿谀奉承。当你真诚地赞美他人时，他也会感受到你的尊重与认可。这样一来，你与对方的距离就拉近了，沟通也会变得更容易。

有效的赞美一般都是依据具体的情境而定的。下面，我们就一起来学习怎样进行恰到好处的赞美吧！

场景一：同事完成了一个具有挑战性的项目，我们应该如何表达对同事的钦佩呢？

你可以对同事说：“没想到这么复杂的项目在你的努力下，这么快就被完成了。你这个方案，我花几个月都想不出来，有时间可以请你给我传授传授经验吗？”这样说不光夸赞了同事，也为和同事后续的合作奠定了基础。

场景二：朋友为你精心准备了一顿晚餐，你该如何赞美他的厨艺呢？

你可以这样说：“这顿饭真是太美味了！我吃每道菜的时候都能感受到你的心意，下次我也来露一手，给你做好吃的！”这样说不但对朋友的招待表达了你的感激，也表示了你对朋友的认可与尊重。

场景三：邻居的孩子参加了演讲比赛，表现不尽如人意，应该如何安慰鼓励他呢？

你可以对他说：“你能独自上台在这么多人面前演讲，真是太勇敢了！我在你这么大的时候，都不敢一个人站在台上讲话呢！你不光克服了紧张情绪，还清晰、完整地完成了演讲，我很佩服你！这次你肯定也有不少收获，能和我说一说你在台上的感受吗？”这样说不光能让孩子拥有成就感，还能让他发现自己的闪光点。同时，通过转移话题，让孩子不再沉浸在沮丧的情绪之中，引导他说出感受，也增强了孩子的自信心，帮助他学会“复盘”。

人情世故之道

赞美能够帮助我们更好地处理人际关系，构建好我们的人际关系网。但做到有效的赞美并不容易，需要根据对方的年龄、性别、情绪、当下环境等诸多因素综合选择合适的话语。如果赞美得太浮夸，就很有可能变成“阿谀奉承”，最后不但没有效果，反而还会让自己的形象受损。所以，我们一定要学会适当地赞美，把握好赞美他人的分寸。

3 批评有尺度，巧妙指正显智慧

批评是一门言语艺术，适度且巧妙的指正不仅能展现批评者的言语智慧，也能让受批评者快速认识到错误并加以改正。在提出意见时，要考虑对方的感受，用温和却不失严肃的语气沟通，既能维护对方的自尊，又能表达自己的态度。记住，批评的目的是帮助他人改正错误，而非伤害他人。通过恰当的言语和方法，我们能以更有效的方式指出问题所在，促进个人和团队的进步。

小林在一家公司上班，他业务能力很强，但在为人处世上总是不得要领。一次，部门里的新同事小张在做一个项目报告时，由于经验不足，出现了一些小错误。在部门会议上，小林毫不留情地批评了小张，而且言辞非常尖锐："你这做的都是什么呀？这么简单的错误都能犯，你到底有没有脑子？你每天工作时都在想什么？"小张被说得满脸通红，十分尴尬。

在另一次团队合作完成项目时，大家遇到了一个难题，一位同事提出了一个方案，虽然不是很完美，但也有一定的可行性。小林却又开始了他的批评："你这个方案根本不行，漏洞百出，你能保证万无一失吗？出了问题你负责吗！"这让提出方案的同事感到非常沮丧，也让整个团队的氛围变得紧张起来。

渐渐地，小林在公司里被大家疏远了。他的这种批评他人不讲究方式方法的行为让大家对他敬而远之。

人情世故问答

1

瘦高个儿

朋友犯了一个明显的错误，我想指出但又不想惹他生气，该怎么说呢？

胖邻居

你可以温和地提出：“最近大家都挺忙的，一忙起来就很容易出错，我之前也在类似的事情上遇到过问题，你可以试试这样……”这种用分享个人过往经验而非直接指责的沟通方式，考虑了朋友的感受，维护了朋友的自尊，让他能心平气和地接受建议。

2

瘦高个儿

朋友的一些行为让我觉得不太舒服，怎样巧妙地提醒他呢？

胖邻居

你可以先表达对他的尊重和关心，然后选择一个合适的时机，私下与他交流。在交谈中，可以用“我觉得”或“我个人感觉”等较为委婉的表达方式，指出那些让你感到不适的具体行为，并说明这些行为对你产生的影响。同时，你也可以向朋友提供一些建设性的意见，帮助他改进。最后，要强调你特别珍惜这份友谊，不希望你们因为一些小事而疏远，希望他能理解你的感受。

3

瘦高个儿

我觉得朋友送的礼物不太合适，我应该怎么说出我的想法才不会伤害朋友呢？

胖邻居

你可以找个合适的时机，私下与朋友进行沟通。首先，你要表达对朋友心意的感激，询问他为你选择这份礼物的理由。然后，以委婉的态度提出你的想法，指出你觉得礼物不太合适的地方，并给出你的理由。同时，你也可以提出一些建议，比如什么样的礼物可能会更符合你的需求或者喜好，展现出你的真诚。最后，强调你的出发点是为了更好地维护这份友谊，再次表达你对朋友为你花费精力选择礼物的感谢。

4

瘦高个儿

孩子在学校表现不好，如何引导才能让他自觉改正呢？

胖邻居

首先，你要找个合适的时机和地点，私下和孩子沟通，保护孩子的自尊心。其次，批评时不要一味发泄怒火，而是要具体指出孩子的错误行为，让孩子清楚地知道自己哪里做得不对。你可以用鼓励的话语和孩子交流："我知道你有能力做得更好，这次可能是遇到了一些挑战。没关系，我们一起来想想怎么解决，帮助你展现出最好的一面。"这种批评方式能够激发孩子改正错误的积极性，帮助他们认识到问题并改正。

5

瘦高个儿

看到亲戚有一些影响健康的习惯，我应该怎么委婉地提醒呢？

胖邻居

你可以这样对亲戚说："我最近看了一些健康类节目，里面提到了一些不好的生活习惯对健康的影响，比如……我觉得咱们都可以关注一下，学一学科学养生的知识，让身体更健康。"通过引入第三方信息，避免了直接指责，同时也表达了你对亲戚健康的关心。

6

瘦高个儿

团队里有成员在工作中总是拖延，应该如何催促他们呢？

胖邻居

你可以直接指出他们的问题："我们团队前段时间的共同努力成果是显而易见的，项目进展得十分顺利，大家都辛苦了。不过，时间管理不到位是我们目前面临的一个难题。我们可以一起探讨如何更有效地安排工作，提高我们的效率。”这种方式既肯定了团队的努力，又指出了需要改进的地方，鼓励团队成员开动脑筋，共同寻找解决方案。

瘦高个儿

7 朋友说话很伤人，怎么提醒他注意言辞呢？

胖邻居

你可以这样说：“咱们是好朋友，我一直都很珍惜和你的友谊。不过，我注意到有时候你说话有点儿直接，会让我感觉不太舒服。我知道你可能没有恶意，但无心之言也可能会伤害彼此。咱们都是善良的人，肯定都不希望无意间伤害到彼此。所以，以后说话的时候，你能不能稍微注意一下言辞，尽量说得委婉一点儿呢？”这样提醒既表达了你对友情的重视，又指出了朋友言辞上的问题，同时给出了积极的建议，有助于朋友意识到并改正自己的问题。

瘦高个儿

8 朋友总是抢功劳，我应该怎么巧妙地指出这个问题呢？

胖邻居

你可以找个合适的时机，比如在一次氛围轻松的聊天中，提出团队合作的重要性。你可以先从回忆一些大家共同努力取得成果的经历入手，然后委婉地说：“咱们上次做的事情之所以那么成功，是因为每个人都付出了很多的时间和精力，可见，只有大家齐心协力才能把事情做得更好，每个人的辛苦都值得被大家知道。要是都只想着宣扬自己的功劳，看轻别人的功劳，那下次再合作可能就没那么顺利啦！”这样既强调了团队合作的重要性，又能让朋友意识到自己抢功劳的行为不妥。

9

瘦高个儿：家人的消费习惯不正确，怎么劝说才能让他们意识到问题呢？

胖邻居：你可以先找个合适的时机，心平气和地和家人坐下来聊一聊，用温和的语气指出家人消费习惯中不正确的地方。比如可以这样说："我觉得我们最近的开销有点儿大，有些东西其实没必要现在就买。"接着，你可以举一些具体的例子，让家人更清楚地了解问题所在，然后一起探讨如何改变这种不正确的消费习惯，比如每月制订家庭预算的计划，或者在购买之前先一起商量一下哪些东西是必需品，哪些不是。在交流的过程中，要多倾听家人的想法，尊重他们的意见，共同找到一个大家都能接受的解决方案。这样的沟通方式既表达了你的看法，又避免了矛盾，有助于帮助家人调整不合理的消费习惯。

人情世故说一说

批评是一种让人直面自己错误的交流方式，遵循一定的原则才能达到好的效果。首先，批评者应考虑被批评者的情绪状态，选择合适的场合和措辞。其次，批评者应保持诚恳友好的态度，避免引发被批评者的对立情绪。沟通内容应聚焦于当前问题和如何改进，而非一味指责。此外，还需要注意的是，批评不应以发泄个人情绪为主，而应该聚焦在帮助被批评者个人成长或团队进步的建议与方法之上。

那么，在日常生活中，如何展开恰当的批评呢？

场景一：同事工作总是拖延，影响了整个项目的进度，你应该如何提醒他？

你可以选择在氛围轻松的休息时间，温和地对他说："这个项目时间确实挺紧张的，我自己有时也感觉在时间管理上有些压力。我发现将任务细分并设定一些阶段性的小目标，能帮助我快速提高工作效率。你觉得我们是否可以尝试这种方法，互相支持和监督呢？这样也许能确保项目更顺利地推进。”

场景二：朋友做事总是粗心大意，你想提醒他细心一些，如何表达更合适呢？

你可以找个合适的时机，私下对朋友说：“我发现你做事挺干脆的，但有时可能稍微有些粗心。其实，细心一点儿，不但能降低出错的概率，还能让事情完成得更完美。我相信你有这个能力，只要稍稍调整一下，就能做得更好。”这样的表达既指出了朋友的问题，又给出了积极的建议，还表达了你对他的肯定和期待。

场景三：家人想要投资一些不太靠谱的项目，你应该如何劝阻他们呢？

你可以耐心地向他们说明这些项目的风险和危害，并引用相关案例和法律法规，帮助他们认识到这种行为的不妥之处。同时，你也可以建议他们选择正规的投资项目，避免冲动做决定。如果劝说效果不佳，还可以寻求专业机构或人士的帮助。

人情世故之道

忠言逆耳利于行。大家都不爱听批评，但批评从某种意义上来说确实可以帮助人成长。在人际交往时，如果发现他人做错了事，及时对他提出批评是很有必要的，但我们要注意提出批评的方式以及措辞，这样才能让他真心接受我们的建议。在批评他人时，我们应用委婉的语言点出其问题，这样不但能维持你们彼此间的关系，还能让他更易接受。

4 幽默有分寸，适当自嘲也不错

在与人交流的过程中，学会运用幽默的表达进行沟通也很重要。适当的幽默能拉近与对方的距离，让交流氛围更轻松。但我们要注意的是，说话要有分寸，不要乱开玩笑，避免冒犯他人。

新年就要到了，大家都忙着准备各种节目和游戏，空气中充满了欢声笑语。平时总爱开玩笑的小李也决定用一种特别的方式给社区的每一位朋友送上惊喜。

小李穿着一件自己设计的、略显夸张但又不失可爱的T恤，上面画满了社区里熟悉的面孔和有趣的场景。他手里提着一个大袋子，里面装满了自己亲手制作的小礼物——有手工编织的钥匙扣，有他自己画的漫画明信片，还有用社区里的花草制作的香包。

他走到人群中央，用一种既幽默又带着几分自嘲的口吻说："各位，我知道我手工不怎么样，画画也不好，但这些小玩意儿可都是我用心做的，希望你们别嫌弃。就像我这件衣服一样，虽然画得有点儿抽象，但每个图案画的都是我们社区发生过的事，希望你们能从中获得快乐。"

大家都被小李的幽默和真诚逗笑了，纷纷上前领取礼物，并感谢他的用心。

人情世故问答

1

瘦高个儿

在社交场合中，怎样做到言语幽默且不失分寸？

胖邻居

首先，你要了解你的听众，确保你的幽默不会导致误解或冒犯。你可以选择一些普遍被认为好笑且不带攻击性的话题，自嘲一下无伤大雅的小缺点，或者聊聊大家都经历过的尴尬瞬间。比如，当大家在聊旅游经历的时候，你可以说：“我挺想出去旅游的，每次都计划得可好了，结果都因为自己太懒没去成。我这行动能力啊，就跟蜗牛爬树差不多。”聊天内容要避免涉及敏感话题，如政治、宗教、种族等，这些很容易引起争议。同时，你也要注意观察周围人的反应，如果有人表现得对谈话感到不舒服，就要适时调整或停止。另外，幽默要自然，不要刻意为之，否则可能会适得其反。你可以用轻松的语气讲出笑话，让幽默自然而然地流露出来。

2

瘦高个儿

如果我不小心把幽默的话说过了头，要怎么挽回？

胖邻居

如果发现幽默的话说过了头，你可以这样挽回：“哎呀，我刚才嘴太快，说错话啦，实在对不起。”接着你可以说：“我这脑子，一热起来就乱说话，大家可别跟我计较，我就是个马大哈。”发现玩笑开过头之后一定要及时挽回，用真诚的口吻道歉，表达自己的歉意和对他人的尊重。

3

瘦高个儿

在给他人送礼物时，展示自己的幽默和自嘲有哪些要注意的？

胖邻居

在送礼物时，一定要把握好幽默的分寸，你可以说：“我挑礼物的水平有限，希望这份小礼物你能喜欢。”自嘲的时候别贬低礼物的价值，可以说：“我有时候就是太没创意，选礼物都没什么新奇的点子，不过这份礼物也是我用心挑选的。”送礼的时候也要注重真诚和恰当，在不显得轻佻的情况下使用幽默的语言，这样可以让收礼的人感到轻松愉悦。

瘦高个儿

4 和长辈相处，怎样运用幽默和自嘲的话语比较合适？

胖邻居

和长辈相处，幽默和自嘲要温和、得体，避免过于夸张或尖锐。你可以选择一些轻松的生活琐事作为自嘲的话题，比如：“我最近学做菜，结果把厨房弄得像‘战场’一样，不过好在最后做出来的菜还能吃，就是味道有点儿‘独特’，我可真是‘厨房杀手’啊。”这样的自嘲能让长辈感到亲切，拉近与你的距离。同时，你也可以适当用一些幽默的话语表达对长辈的尊重和关心，比如：“您总是这么精神，我都怀疑您是不是偷偷吃了什么长生不老的仙丹！”这样的幽默话语既能逗乐长辈，又能让他们感受到你对他们的关注和关心。总之，和长辈在一起时，幽默和自嘲要适度，以尊重、关心为前提，营造出温馨、融洽的氛围。

瘦高个儿

5 别人批评我的时候，我怎么用幽默和自嘲的话语回应？

胖邻居

你可以试着把批评当成一个笑话的引子，比如：“哈哈，看来我的‘独特’风格又发挥作用了，连你都忍不住要提醒我注意一下。”或者，自嘲一下，把批评变成自我调侃的机会：“哎呀，我这人就是爱犯错，但每次都能学到新东西，谢谢你的‘严厉教导’，我一定改正！”这样的回应既展现了你的幽默感，也表达了你愿意改正错误的态度，让批评者感到你的真诚和豁达。记住，幽默和自嘲要适度，不要过于贬低自己，也不要让批评者觉得你态度不端正。用轻松、自嘲的方式回应批评，能让气氛更加融洽，也能让你赢得更多的尊重和理解。

6

瘦高个儿：面试的时候，可以用幽默和自嘲的话语介绍自己吗？

胖邻居：面试过程中，你可以适度地使用幽默和自嘲的话语来展现自己的个性和应变能力。但需要注意的是，不是所有问题都能用幽默或自嘲的话语回答的，不要让面试官觉得你不认真或不具备专业能力。比如当你被问到自己的缺点时，可以这样说："我有时候有点儿完美主义，对工作要求挺高的，这可能会让我在时间管理上有小麻烦。不过我会努力改正的！"面试是个严肃的场合，要着力展现出你的自信和积极向上。

7

瘦高个儿：跟陌生人交流的时候，使用幽默和自嘲合适吗？

胖邻居：幽默和自嘲能展现出你的亲切和开朗，让陌生人更愿意接近你，但也要适度，免得给他人留下不靠谱的印象。你可以这样说："我这人方向感特别差，出门就找不到东西南北，要是不看导航，我真怕把自己丢了。"

8

瘦高个儿：我们为什么要学会自嘲呢？

胖邻居：自嘲其实不易，它挑战着我们的内心。要有勇气面对失败和痛苦，更要有胆量在众人前坦露出来。这需要我们清楚自己的短处，并勇于分享。自嘲，其实是自我接纳的表现，对个人成长至关重要。接纳自己后，我们会变得更优秀、更快乐，幸福感也会大幅提升。

人情世故说一说

自嘲是一种独特的幽默方式，其精髓在于以个人的不愉快为素材，通过轻松戏谑的手法，分享自己的痛点与失败，从而唤起听众的共鸣，使他们感到愉悦与满足。这种幽默形式要求个体不仅要有自我认知的深度，更需具备直面事实、敢于调侃的勇气。自嘲高手往往能从中获得显著的益处：一方面，自嘲增强了他们的心理韧性，减少了脆弱感；另一方面，通过主动展示自身的不足，有效避免了外界可能的嘲讽，可以说，自嘲是一种巧妙的自我保护策略。

那么，我们在什么时候使用幽默，什么时候使用自嘲呢？

场景一：在讨论家庭聚会的安排时，如果大家意见都不一致，你如何用幽默来缓解气氛，同时又不显得失礼？

你可以语气轻松地说：“家人们，咱们这儿讨论得比朝堂议政还激烈，我这个‘小透明’都快跟不上节奏了。要不咱们先喝口茶，说不定灵感就‘咕嘟’一下冒出来了呢！”这样既展现了你的幽默感，又体现了对大家的尊重，有助于缓和紧张的气氛，让大家在轻松的氛围中继续沟通。

场景二：在朋友聚会中，别人的爱好都很高端，而你自己的则比较普通，如何融入朋友的谈话中呢？

你可以面带微笑说：“你们的爱好好广泛啊，有许多都是我感兴趣但不好意思尝试的，总感觉我的气质不适合那么高雅的运动，哈哈！我最大的乐趣就是周末去公园散步，偶尔还能和跳广场舞的大妈们‘切磋’一下。”适度的自嘲可以让你展现自己的真实情况和自信，表达对不同生活方式的欣赏和尊重。

人情世故之道

幽默的核心在于让人感觉到快乐，自嘲就是通过分享自己的挫折和痛苦，给听众产生心理优势的机会，从而营造出幽默的感觉。换句话说，自嘲就是拿自己的失败和困难开玩笑。很多人可能觉得，幽默感是展示幽默的瓶颈，但其实，羞耻感也是幽默的一大障碍。当你感到羞耻，想要掩盖某些事情时，反而会让场面变得尴尬。相反，那些开放、坦诚的人，更容易成为幽默的人。

不过，自嘲并不容易。因为每个人都希望被重视、被尊重，这是人的基本需求。自嘲，就是把自己的弱点和不足完全暴露给别人，这可能会让你感到尴尬和痛苦，甚至可能影响自己的形象。所以，我们更习惯于通过取笑或攻击别人来制造幽默，却不敢拿自己开玩笑。但实际上，如果你不敢正视自己的真实问题，你的交流就会缺乏真诚，难以打动听众。

适当的自嘲，并不会有损你的形象，反而可能因为你展现出了真实和脆弱的一面，让听众觉得你很真诚、大方自然，反而更容易接受你。

5 警惕言语“雷区”，别说招人烦的话

每个人在社交时都有自己的底线和“雷区”，在和他人交流的时候，我们一定要注意这个问题。每个人都希望在与他人交流时能够做到让对方开心，所以我们一定要注意自己的言辞，提前了解并记住对方的“雷区”，在谈话中小心规避。

小杨是个心直口快的年轻人，虽然他心地善良，但总因自己的言辞无意间触碰到别人的“雷区”而得罪他人。

在一次温馨的家庭聚会中，大家提前约好各自为家中的长辈挑选生日礼物。其他人都精心挑选了寓意吉祥或符合长辈喜好的礼物，并在赠送时附上温馨的祝福语。轮到小杨时，他拿出了一件颇为特别的礼物——一套色彩鲜艳、设计前卫的家居服。他满心欢喜地说：“这件衣服颜色这么亮，穿上肯定显年轻！我觉得咱们家的长辈平时穿得太土了，得换个风格。”

长辈收到礼物后，虽然面带微笑，但眼神中却闪过一丝尴尬。小杨见状，又补了一句：“当然，我说的是衣服土，不是说您土。”

渐渐地，小杨发现，每次家庭聚会中，大家似乎都有意无意地减少与他的交流。他一出现，原本热闹的聚会氛围就变得尴尬起来。

人情世故问答

瘦高个儿

1 朋友最近失业了，心情低落，我想安慰他又不想触到他的“痛处”，该怎么说呢？

胖邻居

安慰朋友要细心且体贴。你可以这样说：“我知道你最近可能遇到了些困难，别太往心里去。人生嘛，总有起起落落，这只是暂时的。你这么有能力，经验丰富，肯定能找到更好的工作。这段时间，你就好好放松一下，调整调整心态。有什么需要帮忙的，尽管开口，无论是找工作还是其他方面，我都愿意和你一起面对。记住，你不是一个人在战斗，还有我在呢。你这么优秀的人，未来一定会更好！”这样的安慰既表达了对朋友能力的肯定，又避免了直接触到朋友失业的‘痛处’，同时还表示自己愿意提供支持和帮助，有助于朋友走出低谷，重拾信心。

瘦高个儿

2 同事的体形比较胖，我想提醒他注意身体健康，该怎么说呢？

胖邻居

谈及他人体重的话题，要特别小心，避免伤害到他的自尊心。你可以找个合适的时机，私下里跟他聊聊，可以这样说：“最近看你工作挺忙的，有时候加班到很晚，要注意身体啊！我发现你最近可能因为工作忙，有时候饮食不太规律，这样对身体不好。其实，我以前也有过类似的情况，后来身体还闹过‘抗议’呢！后来我开始坚持锻炼身体，调整饮食，感觉整个人的状态好了很多。咱们可以一起找个时间运动一下，或者交流一下保持健康的生活方式，你觉得怎么样？”这样的说法既表达了你对同事的关心，也避免直接指出他的体重体形问题，同时给出了合理的建议，有助于同事意识到身体健康的重要性，让他更容易接受转变生活方式的建议。

瘦高个儿

3 有人向我请教我不太了解的问题，我该怎么回复呢？

胖邻居

你可以诚实地说：“这个问题我不是特别了解。不过，我很乐意和你一起探讨。”然后，你可以提出一些思考的方向，比如：“我们或许可以从这几个方面来考虑……”

瘦高个儿

4 和长辈聊天时，要注意避免触及哪些言语“雷区”？

与长辈交谈时，应避免提及他们的年龄或疾病，除非他们主动提起。你可以和他们多聊一些他们的过往经历、兴趣爱好，或者向他们请教生活经验。这样不仅能避免谈论敏感问题，还能让长辈感到被尊重和重视。

瘦高个儿

5 在社交场合，如果我不小心说了脏话，该怎么挽回？

胖邻居

一旦意识到自己的失言，应立即停止，并真诚地向大家道歉：“对不起，我刚才失言了，真的很抱歉。请大家原谅。”接着，你可以用自嘲来缓解尴尬的气氛，然后迅速转移话题。这样的处理方式可以尽量减少由此带来的负面影响，维护你的社交形象。

瘦高个儿

6 朋友的家人去世了，我该怎么安慰他？

胖邻居

你可以这样说：“我知道你现在心里肯定很难过，失去亲人的痛苦我理解。但你要相信，时间会慢慢抚平伤痛，我会一直在你身边陪着你。想哭就哭出来，别憋着，不必强迫自己马上坚强起来。如果你需要倾诉，或者只是想找个人陪着你静静发呆，我都会陪着你。同时，你也要记得照顾好自己，别让悲伤影响了身体健康。我们一起走过这段难熬的日子，你会带着对家人的爱和记忆，更加坚强地生活下去。”这样的安慰既表达了对朋友悲痛的共鸣，又提供了情感上的支持和陪伴，让朋友感受到温暖，并逐步走出阴霾。

7

瘦高个儿

同事有生理缺陷，在交流中我要注意什么吗?

胖邻居

你应该避免提及他们的缺陷，对待他们就像对待其他正常同事一样即可。如果同事自己提到相关问题，你可以用理解和支持的话语回应，但不要过度关注这个缺陷本身。日常用正常的方式和同事进行交流和合作，让同事感受到自己和团队中的其他成员没有区别，有助于增强他们的自信和归属感。

8

瘦高个儿

和陌生人初次交流时，如何避免触及言语“雷区”？

胖邻居

与陌生人初次交流时，可以从一些安全的日常话题开始，如天气、最近的热门事件等。避免询问对方过于私人的问题。在交流过程中，要注意观察对方的情绪变化，如果发现对方对某个话题不感兴趣或有抵触情绪时，要及时转移话题。同时，要保持礼貌和尊重，避免使用不恰当的言辞。这样可以帮助你给对方留下良好的第一印象。

人情世故说一说

在人际交往中，避开言语“雷区”是一种交谈的礼节，也是对他人的尊重，有助于建立和谐的人际关系。要避开言语“雷区”，可以采取以下策略：首先，在进行谈话之前，我们应该先了解对方的基本情况，不要主动提及他人不好的经历。其次，用词要委婉，如果发现没有办法回避对方的“雷区”，我们可以尽量用委婉的话语来表达自己的意思，也能给对方一个台阶下。最后，转移话题。如果不小心在谈话中踩到了对方的“雷区”，我们可以及时转移话题，缓解尴尬的气氛。

那么在谈话中，我们要怎么避开对方的“雷区”呢？

场景一：朋友刚和恋人分手，心情低落，我应该怎么安慰他？

你可以温和地说：“我理解你现在的感受，分手确实很痛苦。但要相信，时间会治愈一切，你会遇到更合适的人。现在，给自己一些时间，做点儿自己喜欢的事，让自己换个心情，我会陪着你一起度过这段时间。”既要避免指责，也不要急于逼迫他走出来，多提供理解和支持。

场景二：在与新客户的交谈中，我如何避免触及言语“雷区”？

首先，你可以从行业趋势或客户的兴趣点切入，如：“最近行业有一些新动向，您怎么看？”其次，要避免过度自夸或询问客户的隐私。面对疑虑，应耐心倾听，平和回应。一定要记住：和客户交谈的目的是建立良好关系，你对他的尊重和你的专业性会增加客户对你的信任感，为后续合作打下良好基础。

场景三：在同学聚会上，我应如何与同学们交流才不会招人厌烦？

你要避免炫耀个人成就或贬低他人选择，因为这样的表现很有可能让他人对我们产生厌恶情绪。你可以和同学们一起多回忆美好的校园时光，关心他们的近况。

人情世故之道

在生活中，我们偶尔会和别人起冲突，除了利益或者资源分配不均的因素之外，言语也是一个不容忽视的因素。每个人都有自己喜欢的沟通方式，所以我们在说话的时候一定要学会察言观色，多顾及别人的感受。在与他人交流时，我们要学会随机应变，根据不同的情境转变自己说话的内容与方式，这样才能避免踩到别人的“雷区”，维护好我们的人际关系。

6 迂回委婉一些，说话别太直接

有时候，我们要注意自己说话时的用词，不要过于直接、尖锐。什么场合应该说什么，什么情境下要用委婉的方式表达自己的意思，应分辨清楚。有时候，如果不方便直说，你可以通过委婉迂回的方式表达自己的意见，这样不仅能让对方思考，也能避免一些争吵。

一次，性格直率的王海参与了社区举办的读书会。会上，一位女士分享了她最近完成的小说。她满怀期待地问大家的看法。王海直言不讳地说："我觉得这个故事情节有点儿老套，人物也不够立体。"话音刚落，全场陷入了尴尬的沉默中，这位女士的脸色也变得很难看。

王海的朋友小张见状，赶紧打圆场："其实，这个故事的背景设定得很有趣，我相信如果再深入挖掘一下人物的内心世界，一定会更加引人入胜。"他的话让这位女士的脸色缓和了许多。

事后，王海反思了自己的言行，意识到自己的直率可能伤害了别人。他精心挑选了一款手工制作的装饰品送给那位女士，并在赠送时说："我上次听你的小说内容，你的创意真的很棒。这是我特意为你挑选的一款装饰品，希望你会喜欢。我很期待你下次的作品。"

王海的话让这位邻居感到十分意外和感动，她接受了礼物，并感谢了王海的鼓励和支持。

人情世故问答

1

瘦高个儿：**朋友在生活中犯了一个错误，我应该怎样说才能既指出问题所在，又能避免他难堪？**

胖邻居：你可以找个合适的时机私下对他说："我发现你这件事情处理得不太合适，我以前也在类似的事情上出过差错。咱们一起看看怎么调整更好，怎么样？"这种方式既不伤害朋友的面子，又给予了关心和建议。

2

瘦高个儿：**朋友借了我的钱，拖了很久也没还，我该怎么提醒他？**

胖邻居：你可以找个合适的时机，私下里跟他说："嘿，兄弟，最近过得咋样？我记得你之前向我借了点儿钱，是不是最近手头有点儿紧，还没顾上还呢？没关系，我就是随口问问，你也别太往心里去。我其实最近也不太宽裕，如果方便的话，咱们能不能找个时间，把这事儿给处理了。毕竟，大家的钱都不是大风刮来的，对吧？当然啦，如果你现在确实困难，咱们也可以再商量商量，找个对咱俩都合适的解决办法。别担心，咱俩的交情不会因为这点儿钱而改变的。"这样的提醒既表达了你的困境，又给了朋友台阶下，同时也强调了你们之间的友情，更容易让朋友接受并尽快还钱。

3

瘦高个儿：**客户对我们的产品有些不满，我该怎么进行沟通？**

胖邻居：你要对客户的感受表示理解并提出解决方案："我完全理解您的担忧，我们非常重视您的反馈。关于您提到的问题，我们正在制订解决方案，具体是……您觉得这样是否能满足您的需求？”这种沟通方式既展现了对客户反馈的重视，又提供了积极的解决方案。

瘦高个儿

4 孩子考试成绩不理想，我想鼓励他，又不想让他压力太大，该怎么说合适呢？

胖邻居

在沟通时，你可以重点强调孩子的努力和对他的信任与期待。例如：“我看到你这段时间为此付出了很多努力。这次成绩虽然不理想，但你已经进步很大了，相信你也一定从中学到很多。咱们一起看看哪些地方能查缺补漏，我相信你下次一定能做得更好。”这种方式不仅肯定了孩子的努力，同时也减轻了孩子的内心压力。

瘦高个儿

5 亲戚总是过度干涉我的私生活，我该怎么拒绝？

胖邻居

你可以这样委婉而坚定地说：“哎呀，谢谢您的关心，我知道您都是为我好，想帮我把把关。不过呢，我现在也长大了，有自己的想法和判断。有些事情，我还是想自己去尝试和决定，毕竟这样才能真正成长嘛。当然啦，如果遇到什么大问题，或者需要建议的时候，我一定还会找您商量的。毕竟，您的经验和智慧对我来说，还是非常宝贵的。我希望您能理解我的想法，也给我一些私人空间。这样，我既能感受到您的关爱，又能独立自主地生活。咱们还是像以前一样，互相尊重，互相支持，好不好？”这样的回应既表达了你对亲戚关心的感谢，又设定了你们彼此间的界限，同时还强调了你们之间的亲情，更容易让亲戚接受并减少过度干涉的行为。

瘦高个儿

6 下属的工作表现不佳，如何在不打击他工作积极性的前提下进行批评？

胖邻居

你可以和他一对一私下沟通：“我注意到你最近的工作中有些方面还需要进一步提升。比如，这个项目的时间管理上，我们能不能再抓紧一点儿，确保按时完成呢？我知道你已经很努力了，也非常感谢你的付出。我们的目标是一致的，都是为了团队和公司的发展。所以，我觉得咱们可以一起找找问题出在哪里，然后想办法解决。我相信你有这个能力和潜力，只是需要调整一下方法或者思路。咱们可以坐下来详细聊聊调整的方法。别担心，咱们是一个团体，我会和你一起面对困难，共同成长。”这样的批评既指出了他的问题，又给予了他鼓励和支持，更容易让他接受并努力改进。

瘦高个儿

7 朋友总是和我开一些过分的玩笑，我该如何表达我的感受？

胖邻居

你可以和朋友说：“我知道你很爱开玩笑，有时候确实能让我开心起来。但有些玩笑我觉得有点儿过头了，让我不太舒服。你可以调整一下开玩笑的尺度吗？”这种直接但温和的表达方式可以很好地展现你自己的感受。

瘦高个儿

8 室友个人卫生习惯不佳，影响宿舍环境，我该如何提醒呢？

胖邻居

你可以对他说：“最近宿舍里感觉有点闷，可能是通风不太好。我觉得我们大家都可以多注意一下个人卫生，这样我们住着也更舒服。你有没有什么让宿舍更整洁的好办法呀？”这种间接的提醒方式，既保护了室友的自尊，又能达到提醒他注意卫生的目的。

9 如何对别人的作品提出批评意见？

瘦高个儿

你可以先赞扬其作品的优点，再提出改进建议。例如："你的作品创意真的特别棒，我都没想到还有这个思路！但我觉得这个作品在制作方面似乎有些欠缺，或许你可以请一些专业的制作人士来帮忙，你觉得呢？"这种方式既鼓励了对方，又提出了建设性的意见。

胖邻居

人情世故说一说

在日常生活中，委婉的沟通方式能更有效地传达我们的想法与感受。使用委婉的言语和他人对话时一定要保持平和的态度，这既是对对方的尊重，也是对自己的尊重。在产生冲突或对他人不满时，也许委婉的提醒比直接的批评更加有效，还能够促进彼此关系的发展。正确的委婉表达应该是隐而不晦、柔而不弱且让人印象深刻的。

那么，怎样措辞才叫委婉表达呢？

场景一：健身伙伴经常在约好的健身时间迟到，如果你想提醒他，但又不想让他反感，该怎么说？

你可以在下次健身前提醒他："最近咱俩健身动力很足呢，不过有时候我也担心迟到会影响咱们的锻炼计划。如果咱俩都准时到的话，就能更高效地完成健身目标。你觉得呢？"这种方式既没有直接批评他，又表达了你对健身的期待，委婉地提醒了健身伙伴不要迟到。

场景二：邻居晚上太吵，影响到了你的正常休息，应该怎么沟通？

你可以在偶遇时友好提出："这几天晚上老听到一些动静，我最近比较累，需要好好休息。咱们能不能一起想想办法，晚上安静一些？"这种没有直接抱怨，而是考虑了邻居感受的建议方式，更容易让双方达成共识。

场景三：朋友做事爱拖延，如果你想帮他改掉这个毛病，应该如何说？

你可以这样跟朋友说："我发现你有时候会把事情一直往后放，这样可能会累积压力，也容易错过好机会。不如我们试着一起设定几个小目标，制订个时间计划，一步步帮你改掉这个习惯，怎么样？"这样的表达方式既展示了你对朋友的关心，也给出了具体的改正建议。

人情世故之道

有时候，运用迂回委婉的言语能够更好地达到我们的目的。这种方式既没有伤害到彼此的关系，又能暗示他人目前存在的问题，还能表达出自己的观点。但我们要注意的是，说话时不要过度拐弯抹角，导致表达主题不够清晰，这样很有可能会引起他人对我们的误会。总而言之，我们要以和为贵，在观点有冲突时，不要直来直去，而是要学会委婉地说出自己的看法。

人情世故小问答

1. 回忆一下最近的一次交流，你觉得自己在说话的分寸方面做得怎么样？请举例说明。

2. 分享一次你巧妙赞美别人的经历，以及当时对方的反应。

3. 讲述一次你接受他人批评或者批评他人的经历，你从中学到了什么？

4. 分享你认为最幽默且有分寸的一句话或者一个场景。

5. 列举一些你认为的言语“雷区”，并说明要避开它们的原因。

6. 举例说明在什么情况下，你会选择迂回委婉地说话，以及这样做的好处。

第二章

社交之礼：建立人脉，游刃有余

宁宁，你这学期的目标是什么？
我觉得我朋友有点儿少，想要拓展一下社交圈。
嗯，这个目标挺好的。
是的，我相信通过努力，我能建立起自己的人脉网络。
小豪，你呢？你有什么社交目标吗？
社交？我又不擅长这个，还是算了吧。
小豪，社交能力是可以培养的，这对你的未来发展很有帮助。
有用吗？又不能当饭吃。
社交虽然不能当饭吃，但它能帮你拓宽视野，结识更多有趣的人，为你的人生增添更多色彩。
真的吗？

智慧心语

拓展人脉关系不仅要认识更多人，还要懂得如何与人有效沟通，理解对方需求，展现自我价值。在社交场合中，要学会灵活地为人处世，多交朋友，低调宽容。记住，用心经营，才能让社交助力你人生的发展。

1 给人留余地，为人处世要灵活

俗语说：“凡事留一线，日后好相见。”在任何情况下，我们都应给予他人回旋的余地，不可将其逼入绝境。这是因为世事无常，无人能预知自己的一生。为他人留有余地，实则也是为自己铺设后路。倘若行事过于极端，毫无分寸，只是一门心思想要将对手推入深渊，那么，最终先坠入深渊的很可能是你自己。

小李和邻居老张关系不错，老张也经常给小李帮忙。小李很感激老张，打算送他一个礼物。

老张是个热爱园艺的人，他的花园里总是种满了各式各样的花草。小李知道，老张最近对多肉植物特别感兴趣，但总是抱怨自己养不活它们。于是，小李精心挑选了一盆多肉植物，并附上了一张小卡片，上面写着：“老张，我知道你喜欢多肉植物，这是我特意为你选的，希望它能在你的花园里茁壮成长，也祝愿你的每一天都如这植物般充满生机。”

老张收到礼物后，非常高兴，但又担心自己养不好。小李看出了老张的顾虑，笑着说：“老张，别担心，我特意问了店家，这盆植物很容易养活的。如果有疑问，咱们也可以一起探讨，一起照顾它嘛。”

人情世故问答

瘦高个儿

1 朋友由于在众人面前出糗而情绪低落，我要如何安慰他？

胖邻居

你可以找个合适的时机，比如一起散步的时候，轻声安慰他：“别太往心里去，谁都有出糗的时候。大家一会儿就忘了。咱们从这次经历中吸取教训，下次小心行事，肯定会让人刮目相看的。”在朋友尴尬的时候给予理解和鼓励，而不是火上浇油，既能让朋友感到温暖，也能增进彼此的感情。给人留有余地，你们日后的相处也会更加融洽。

瘦高个儿

2 我与朋友讨论问题时产生分歧，快要吵起来了，怎么办？

胖邻居

你可以先停下来，通过深呼吸冷静一下，然后微笑着说：“看来咱们对这件事的看法差异挺大呢。不过这也正常，毕竟每个人都有自己的思考方式。咱俩都先别急，可以先听听别人的意见，或者找些资料再看看，说不定能让咱俩有新思路。”避免在争论中态度过于强硬，给朋友留面子，也给自己留了后路。保持开放的态度，既能避免友情受损，也能帮你们找到更好的答案。

瘦高个儿

3 在商场购物时与售货员发生争执，我应该如何处理？

胖邻居

你可以先通过深呼吸冷静下来，然后说：“不好意思，可能我们之间有点儿误会。我只是想了解一下产品的详情，并不是故意找碴儿。咱们能不能好好沟通，找个解决的办法呢？”与陌生人发生冲突时，不要咄咄逼人。给他人留余地，更有可能得到满意的解决方案，也能避免麻烦。

瘦高个儿

4 家人在某件事中做了我觉得不合理的决定，我该如何表达看法？

胖邻居

你可以委婉地说：“我明白你们做这个决定有一定的考量，不过我也有些担忧……咱们能不能再讨论一下，看看是否有更好的选择？”尊重家人的决定，同时提出自己的意见，既给家人留有余地，维护家庭和谐，也让家人感受到你对他们的关心与尊重。

瘦高个儿

5 邻居装修噪声大，影响了我的正常生活，我该如何沟通？

胖邻居

你可以友好地敲开邻居家的门，说：“你好，我知道装修挺不容易的。不过现在的声音确实有点儿大，对我有影响。咱们能不能商量一下，在某些时间段稍微减小音量呢？大家互相体谅一下。”沟通时，你要首先表示理解邻居装修的辛苦，同时表达你受到的困扰，给邻居留余地。这样能维持邻里关系的和睦，避免矛盾升级。

瘦高个儿

6 聚会上有人说了不恰当的话，我应该如何提醒？

胖邻居

如果说的内容问题不严重，你可以微笑不回应，或巧妙转移话题，比如：“那个话题挺有意思的。我最近看到一个有趣的新闻，大家想不想听听？”如果问题比较严重，可以在合适的时候，私下提醒他刚才的话不太合适。在社交场合，给他人留面子，避免直接冲突，既能维护和谐的氛围，又显示出自己的成熟与宽容。

7

瘦高个儿

与合作伙伴在工作中产生了分歧，我该如何解决？

胖邻居

你可以先肯定你们有共同的目标，然后说："我们都希望项目成功，现在出现分歧也很正常。咱们可以一起分析各自的观点，看看有没有折中的办法，既满足咱俩的需求，又能推进项目的进展。"在合作中保持灵活变通，给合作伙伴留余地，并和对方共同寻找解决方案，有利于你们长期和谐稳定地合作。

8

瘦高个儿

看到别人在公共场合做出了不文明行为，我该怎么制止呢？

胖邻居

你可以走近他，轻声地说："不好意思，打扰一下，我注意到您刚才……（具体描述他的不文明行为，比如'随地吐痰''大声喧哗'等）这里毕竟是公共场合，可能会影响到其他人。咱们都在努力维护舒适和谐的环境，所以，能不能请您稍微注意一下呢？我相信您也不是故意的，只是没意识到。如果有什么不方便的，或者需要我帮忙的，您尽管说。咱们一起努力，让这个地方更美好，好吗？"这样提醒既表达了你的不满，又给了对方台阶下，同时还强调了共同维护公共环境的重要性，更容易让对方接受并改正不文明行为。

9

瘦高个儿

朋友送了我一份精心挑选但使用起来有点儿难度的礼物（比如需要组装的模型等），如何向他表达你的感受呢？

胖邻居

你可以先真诚地感谢朋友的用心，如："这份礼物真的太用心了，我特别喜欢。不过我看这礼物还挺有挑战性呢，我可能会在摆弄它的时候遇到困难，到时候你可得给我点儿指导呀。"既表现出你对礼物的喜爱和珍惜，又让朋友知道你在组装礼物时可能需要一些帮助，这也是增进彼此的互动和交流的好机会。

人情世故说一说

给人留余地，其实也是在为自己的未来开拓更广阔的道路。那么，在人际交往中，我们该如何做到给别人留有余地呢？不同的场景有不同的做法。

场景一：如何与竞争对手进行合作会谈？

你可以这样开始对话："咱们都清楚这个项目的重要性，竞争也异常激烈。然而，咱们其实各自在某些领域都拥有优势。如果咱们能够携手合作，就会实现互利共赢。"在竞争的背景下，我们不应一味排斥对手，而应看到合作的可能性。为竞争对手留余地，不仅可以避免恶性竞争，还能创造出更大的价值。

场景二：邻居在院子里建造了一座违规建筑，影响到了我的生活，我要如何去交涉？

你可以先以友好的态度与邻居沟通，如："你好，我理解每个人都希望让自己的居住环境更加舒适。但你家的建筑确实对我家产生了不小的影响，让我家的采光和通风都变得不太好了。咱们能否一起商量一下，找到一个既能满足你的需求，又能减轻对我家影响的方案？"在处理邻里纠纷时，不要急于采取强硬的手段，而应注重和谐。为邻居留出余地，共同寻找解决方案，可以避免矛盾激化，从而维护良好的邻里关系。

场景三：团队成员在一次重要的演出中犯了一个严重的错误，我该如何处理？

你可以先稳定自己的情绪，然后找团队成员进行单独沟通，如："这次演出对咱们大家都很关键，出现错误确实让人遗憾。但没关系，咱们都能从错误中成长。这次我会和你一起想办法弥补，以后咱们在准备演出时要更加细致，好吗？咱们一起努力让下一次演出更加完美。”当团队成员犯错时，不要一味指责和埋怨。给团队成员留余地，能让他感受到你对他的理解和信任，他会更加用心地投入后续的排练和演出中，为团队的成功贡献更多力量。同时，这样也能增强团队的向心力，为后续的演出活动打下坚实的基础。

人情世故之道

留有余地涵盖了两层含义：一是为自己留余地，行事不走极端，言语不偏激，进退自如，处理事务游刃有余，以便日后能够更加灵活多变地应对复杂的问题；二是为他人留余地，无论处于何种境地，都不可将他人推向绝境，更不可逼人至死地，以免对方采取极端的反制措施，这样的结果对双方均无益处。无论何时何地，给予他人一线生机，便是为自己预留一条活路。为他人留余地，也是为自己留余地。

2 广结良友，朋友多了路好走

在做事的过程中，我们常常会遭遇诸多意料之外的情况。广泛结交来自不同领域的朋友，能够让你在遭遇困境时及时得到他人的帮助，这便是广结良友的智慧所在。

小李是个十分上进的人，但他也有个明显的短板——没有充分认识到人脉的价值，也不擅长与人打交道。

最近，隔壁新搬来了一位爱好烘焙的邻居，他经常给小李家送一些蛋糕和面包。小李的妻子建议小李还礼，于是小李设计了一些小巧的 USB 闪存盘，上面刻有温馨的祝福语和社区的标志，并硬着头皮，将这些礼物送给了附近的几位邻居。在与邻居们交谈中，小李意外地了解到，原来社区里有很多他之前从未接触过的有趣的人和事。

通过这次经历，小李开始逐渐参与到社区的各项活动中，与邻居们建立了深厚的友谊。

人情世故问答

1

瘦高个儿：我刚来到一个新环境，怎么去广结良友呢？

胖邻居：首先，你要保持积极主动的态度。你可以从微笑和打招呼开始，向周围的人传递友好的信号。比如在新公司，你可以主动和同事交流，了解他们的工作和兴趣爱好。“你们好哇，我是新来的，很高兴认识大家。我对这里还不太熟悉，以后还请大家多多关照。”在交流过程中，要真诚地倾听对方的话，表现出对他们的兴趣和尊重。在新环境中，主动出击能让别人感受到你的热情和善意，为结交朋友打下良好的基础。真诚地倾听他人讲话则能让对方感到被重视，从而更容易建立起良好的关系。

2

瘦高个儿：参加社交活动时，我应该如何有效地结交朋友呢？

胖邻居：你可以事先了解一下活动的主题和参与人群，这样可以有针对性地准备一些话题。在活动中，不要只和自己熟悉的人在一起，要勇敢地去认识新的朋友。你可以从简单的问候开始，然后逐渐深入交流。如：“你好，我看到你也对这个活动很感兴趣，你觉得这个活动最吸引你的地方是什么呢？”提前了解活动背景能让你更好地融入其中，主动认识新人则展示了你的开放和勇敢。

3

瘦高个儿：如果我遇到了不同性格的人，怎么和他们成为朋友呢？

胖邻居：对于性格开朗的人，你可以积极回应他们的热情，和他们一起参与各种活动；对于性格内向的人，你要给予他们足够的空间，用温和的方式交流。比如你可以对性格开朗的人说：“你的活力真的很感染人，下次有好玩儿的活动一定要叫上我。”对性格内向的人你可以说：“我觉得你很有想法，如果你愿意的话，可以和我多分享一些你的想法。”每个人都有自己独特的性格，尊重和理解彼此间的差异能让你结交到更多不同类型的朋友。因人而异的交流方式则显示出你的包容和智慧。

瘦高个儿

4 我和朋友之间产生了矛盾，怎么解决呢？

胖邻居

首先你应保持冷静，不要在情绪激动的时候做出过激的行为。然后，找个合适的时间和地点，坦诚地与朋友沟通，倾听对方的观点和感受：“我知道我们之间有点儿小矛盾，我很珍惜我们的友谊，所以想和你好好谈谈，听听你的想法。”在沟通中，你要勇于承认自己的错误；如果是对方的错误，你也要用委婉的方式指出，和朋友共同寻找解决的办法。冷静处理矛盾能避免冲突升级，坦诚沟通和倾听能让对方感受到你的真诚，承认自己的错误显示了你的大度，委婉指出对方的错误能维护对方的面子，这样才能保持友谊的长久。

瘦高个儿

5 怎么判断一个人是否值得成为朋友呢？

胖邻居

你可以从这几个方面来判断：首先，观察这个人是否诚实守信。其次，观察这个人在你困难的时候是否愿意伸出援手。最后，观察这个人是否有积极向上的生活态度和价值观。如果一个人总是言而无信，那么就不值得深交。如果一个人在你遇到困难时主动帮助你，那么这个人很可能是一个真正的朋友。选择朋友要慎重，诚实守信、乐于助人、积极向上的人能给你带来正能量和支持。通过观察这几个方面，可以让你避免结交到不良的朋友，减少麻烦。

6 朋友向我求助时，我自己也很忙，该怎么办？

瘦高个儿

胖邻居

即使自己很忙，也不要直接拒绝朋友。你可以先表达对朋友的关心和理解，然后说明现在自己的情况，提出一些其他的建议或帮助方式，如：“我知道你现在很需要帮助，我也很想帮你。但是我最近真的很忙，可能没办法亲自帮你。不过我可以给你一些建议，或者帮你联系一些可能会帮到你的人。”朋友向你求助时，不能冷漠对待。表达关心和理解能让朋友感受到你的重视，提出建议或帮助方式则显示了你的诚意。即使你不能亲自帮忙，这些办法也有助于维护友谊。

7 如何在朋友眼中维持良好的形象呢？

瘦高个儿

胖邻居

你要做到言行一致，不轻易承诺自己做不到的事情。在与朋友交往的过程中，你也要尊重他们的隐私和感受，不要在背后说朋友的坏话。同时，你要不断提升自己的素质和能力，让朋友看到你的进步和成长。如果你承诺了朋友一件事情，一定要尽力做到；如果朋友告诉你一个秘密，你要严格保密。言行一致能让朋友信任你；尊重隐私和不在背后议论他人能维持友谊的纯洁；不断提升自己能让朋友对你刮目相看，也能为朋友提供更多的价值和帮助。

8 朋友取得了成功，我应该怎么祝贺他呢？

瘦高个儿

胖邻居

你要真诚地为朋友感到高兴，给予他们赞美和鼓励。你可以和朋友一起分享喜悦，同时也可以从朋友的成功中学习经验。你可以说：“你真的太厉害了！我为你感到骄傲。你一定付出了很多努力，能不能和我分享一下你的经验呢？”为朋友的成功感到高兴，能让朋友感受到你的真诚；赞美和鼓励能增强朋友的信心；从朋友的成功中学习一些经验，能让自己不断进步，同时也能让朋友感受到你对他们的尊重和认可。

9 如果我想扩大自己的社交圈，有哪些有效的方法呢？

瘦高个儿

你可以参加各种兴趣小组、社团组织或者志愿者活动。这些活动能让你结识到有共同兴趣爱好的人，为建立友谊提供机会。比如参加绘画兴趣小组，在活动中可以和其他成员交流绘画技巧和心得，从而结交到志同道合的朋友。此外，你还可以通过朋友介绍认识新的朋友，这样的朋友往往有一定的信任基础，更容易建立起良好的关系。积极参与各种活动能让你接触到更多的人，扩大自己的社交圈子。通过朋友介绍认识新朋友，能利用现有的人际关系网络，更加高效地结交良友。

胖邻居

人情世故说一说

生活如同一个广阔的舞台，每个人都在其中扮演着不同且不断变化的角色，这些角色之间始终在进行着各种各样的人际互动。拥有良好的人际关系能让你生活得更加轻松惬意，自在洒脱。那么，在不同的情景下，该如何结交朋友呢？

场景一：你来到陌生的城市找工作，该如何积累人脉呢？

在陌生的地方，迈出第一步去主动结识新朋友是构建人脉的关键所在。你不必担心被拒绝，要大胆地展现自我，尝试与人建立关系网。这些朋友在你求职的过程中可能会为你带来意想不到的助力，诸如推荐职位、提供行业动态信息等。

场景二：你进入一所新学校，如何才能交到朋友？

在新的学校环境中，踊跃参与各项活动并与人进行互动是拓展人脉的有效策略。你可以依据个人喜好选择加入一些社团，在社团里能遇到志趣相投的同学，从而更容易构筑起牢固的友情。在宿舍里，你可以主动与室友沟通，分享各自的生活历程与故事，关注室友的日常生活，携手营造一个和谐的宿舍环境。

场景三：当你与同事关系紧张时，应该如何缓和？

首先，你要保持冷静，深入反思与同事间产生矛盾的根源。如果责任在自己，就要勇于认错，并选择恰当的时机向同事表达歉意；如果分歧缘于观点不同，就要尝试换位思考，以平和的态度展开对话，寻找共识或解决之道。在工作中，不妨主动伸出援手，展现合作精神，如："我在这方面稍有些经验，如果需要的话，我很乐意帮忙。"此外，多参与同事间的聚会或活动，也可以加深彼此的了解与情感联结。

人情世故之道

在人生的旅程中，朋友的关心、支持与鼓舞是不可或缺的。维持良好的朋友关系，大家团结一致，共同努力，才能让人生的道路变得平坦宽广。人脉是一种无形的财富。若能妥善经营，它将成为你一生中最为珍贵的资源，持续不断地助你在人群中脱颖而出，攀登事业的高峰；如果处理不当，则可能会成为巨大的绊脚石，阻碍你的进步与发展。

3 枪打出头鸟，凡事要低调一些

人们常说：“枪打出头鸟。”有时候，过分炫耀自己的才智、地位或财富，反而可能为自己招来祸端。毕竟，人们虽然会钦佩成功的人，但也容易对成功者心生嫉妒。因此，无论何时都要保持低调，脚踏实地地走好每一步。

王强在一家企业任职，他的工作能力出众。但他有一个缺点，就是太过高调。

一次，公司召开项目研讨会，众人就方案的可行性展开了讨论。王强不等他人说完，便急不可耐地起身，高声说：“这个方案绝对行不通，我早就思考过，太不切实际了。我的想法才是最好的，照我的方案来，必定能成功。”他的言辞中充满了自满与傲慢，完全没有注意到同事们异样的目光。

在某个项目取得阶段性进展后，王强更是忘乎所以。他在公司的公共区域，大肆向周围的同事炫耀自己的功绩：“这个项目要没我，根本不会有现在的成果。全靠我的好点子、我的付出，这个项目才得以成功。”他丝毫没有考虑到其他同事也为该项目倾注了大量的心血。

渐渐地，王强发现同事们疏远了他，在工作中也不再愿意与他配合。领导对他的态度也变得越来越差，对他的评价是太过张扬，缺乏团队合作精神。

人情世故问答

1

瘦高个儿：**如何在参加比赛取得突出成绩后保持低调？**

胖邻居：比赛取得好成绩确实令人兴奋，但过度张扬可能会引起他人的反感。以谦逊的态度分享成果，既能展现良好的体育精神，也有助于维护和谐的人际关系。例如，你可以这样说：“这次比赛能够取得好成绩，离不开教练的指导和队友的支持。我只是运气比较好，大家都非常努力。”在和朋友交流时，你也应客观陈述，避免夸大个人功劳。

2

瘦高个儿：**在与朋友讨论兴趣爱好时，如何恰当地表达个人独特见解？**

胖邻居：直接且强硬地表达独特观点容易给人留下出风头的印象。先倾听他人意见再委婉表达自己的看法，既体现了对他人的尊重，也能使自己的观点更容易获得大家的认可。例如，你可以这样说：“我觉得大家刚才提出的观点都很有见地，我也有一些想法，不知道是否妥当。关于这个问题，我觉得或许可以从另一个角度进行思考……”

3

瘦高个儿：**与朋友讨论问题时，如何恰当表达自己的见解，避免高调？**

胖邻居：在与朋友讨论兴趣爱好时，你想恰当表达见解又不想高调，可先耐心倾听朋友的观点，这是尊重他人的表现。在人际交往中，懂得倾听才能更好地理解对方。当你表达自己的想法时，可以用委婉的语气开场：“我觉得这个爱好很有趣，我也有一点儿不同的看法。”分享自己的见解时结合自身经历，更具说服力且不生硬。

同时，你也要承认自己的见解可能存在局限性，显示谦逊。在交流中，你应关注朋友的反应，若有不同意见，不要急于反驳，而是共同探讨。和谐的交流氛围远比强行让别人接受自己的观点重要，这样既能表达自我，又能维护良好的友谊，让讨论变得更加有意义和愉快。

瘦高个儿

4 当朋友在众人面前夸赞你送的礼物时，如何低调回应？

胖邻居

你可以微笑着说：“哈哈，很高兴你能喜欢这份礼物，我也是花了些心思挑选的，送礼物嘛，重要的是心意，我觉得大家在送礼物的时候都是很用心的。”接着，你可以将话题转向朋友之间送礼物的意义或者其他朋友送的礼物上，强调朋友之间的感情和大家的用心。

瘦高个儿

5 面对他人的炫耀，我应该如何应对？

胖邻居

你可以微笑着这样回应：“听起来你真的很厉害，取得了这么多成就，真是让人佩服。每个人都有自己的长处和短处，你擅长的领域我可能不懂，但我相信我也有自己擅长的地方。重要的是，我们都在不断学习和进步，对吧？其实，我更看重的是我们之间的友谊和互相支持的精神。你的成功对我来说也是一种激励，让我更加努力去追求自己的目标。所以，让我们一起加油，互相学习，共同成长吧！你的经验和故事对我来说很有启发，期待未来我们能一起创造更多的美好。”这样的回应既表达了对对方的尊重和认可，又巧妙地转移了话题，避免了尴尬，展现了你的自信和友善。

瘦高个儿

6 如何在不显得高调的情况下展示自己的特殊才能？

胖邻居

在恰当的场合，比如团队讨论或聚会时，当话题恰好触及你的专长，你可以自然而然地分享一些见解或经验，但要保持谦逊，强调这是自己的一点儿心得。同时，你可以通过实际行动来展示，比如主动承担相关任务，并高质量地完成，让周围的人看到你的实力。在与他人交流时，多倾听对方的意见，然后在恰当的时候，以平和的语气提出自己的独特看法或解决方案，让别人在不知不觉中了解到你的才华。记住，展示才能的关键在于自然和谦逊，而不是刻意张扬，这样更容易赢得他人的尊重和认可。

瘦高个儿

7 在竞争中获得优势后，我应该如何保持低调？

胖邻居

在竞争中获得优势后，保持低调其实是一种智慧。你可以继续保持谦逊的态度，不要炫耀自己的成绩，把更多的精力放在持续学习和自我提升上。在与对手相处时，要尊重对手，不要贬低或轻视他们的努力，毕竟每个人都有自己的长处和短处。你可以向他们分享自己的经验和心得，但要以帮助他人成长为出发点，而不是为了炫耀自己。同时，你应该保持一颗平常心，不要因为一时的成功而沾沾自喜，也不要因为别人的评价而迷失自我。记住，真正的成功是长期的、持续的进步，而不是短暂的胜利。所以，即使你在竞争中获得了优势，也要保持低调和谦逊，这样才能走得更稳、更远。

瘦高个儿

8 在朋友聚会中，我要如何既保持低调，又展现存在感？

胖邻居

你可以多倾听，适时点头、微笑，给予朋友们足够的关注和尊重，这样既能展现你的谦逊，又能让朋友们感受到你的重视。当谈论的话题是你感兴趣或擅长的，你就可以平和地分享一些见解或经历，但要避免长篇大论或过于张扬。同时，你可以主动承担一些小事，比如帮忙拿东西、整理场地等，这些看似不起眼的举动，恰恰能让朋友们感受到你的细心和可靠。聚会中，你可以保持微笑，积极参与互动，但不必刻意成为焦点。记住，真正的存在感不是靠炫耀或张扬，而是通过真诚的交流和帮助他人来赢得的。

瘦高个儿

如果不慎表现得过于高调，我该如何补救？

胖邻居

你要立即认识到自己的失态，并向可能因此感到不适的人表达真诚的歉意：“我刚才有点儿激动，说的话可能不太得体，真的很抱歉。我以后会更加注意自己的言谈举止。”在接下来的时间里，你要以更加低调和谨慎的态度行事。

人情世故说一说

在为人处世中，我们必须懂得在恰当的时机保持谦逊，同时也要在合适的时刻展现自己的能力和才华。那么，要如何在不同的场景中掌握这种平衡与尺度呢？

场景一：当你出色地完成项目，得到领导的赞许，如何避免引起同事的嫉妒？

得到领导表扬之后，你可以谦逊地回复领导：“感谢领导的认可，这其实是团队共同努力的成果，我在这个过程中收获颇丰。我还有很多需要提升的地方，未来会继续向大家虚心求教。”在与同事交流时，也不妨多强调团队的作用，让同事感受到你的谦逊和团队精神。

场景二：在同学聚会中，有位同学一直在炫耀自己，你应如何应对？

你可以微笑着倾听，待他停顿之际，巧妙地转换话题：“听你这么说，真是让人佩服。不过，最近我读到了一篇很有意思的文章，大家想不想听听？”或者用上学时的趣事唤起大家共同的回忆：“还记得我们上学时那次……吗？那时候真是开心啊。”将大家的注意力从炫耀者身上移开，维护聚会的和谐气氛，同时也展现出你的成熟与宽容。

场景三：在一场社团活动策划竞争中，你感觉自己的策划颇具优势，但又不想因此树敌，你应该如何表现？

在讨论策划时，你可以先肯定其他参与者的一些创意点，再客观地介绍自己的策划，强调是为了让社团活动更加精彩而努力，而不是为了战胜对手。这样表现出对他人的尊重和乐于合作的态度，能够减少其他参与者的抵触情绪，为自己赢得更多的支持和合作机会，有利于社团活动的顺利开展。

人情世故之道

有个性并不是坏事，但这也容易显露出自己的不足。保持低调不炫耀，能够避免给自己招来麻烦或让自己陷入困境。因此，学会低调是保护自己的有效方法，也是构建良好人际关系、实现个人发展的一个重要策略。

4 宽容一些，与人交往要大度

俗话说："金无足赤，人无完人。"每个人都会有缺点，也都会有不了解情况的时候。所以，如果他人犯错或者无意间冒犯到你，与其毫不留情地责备对方，不如展现出你的宽容之心。

王磊和刘刚是同事。王磊的性格较为急躁，且在人际交往中缺乏宽容。

有一次，公司安排王磊和刘刚共同负责一个关键项目。在项目执行的过程中，刘刚因一时大意犯了个小错，致使项目进度略有延误。王磊在众多同事面前大声斥责刘刚："你怎么这么粗心大意？这么简单的任务都能搞砸，你还能干什么？"刘刚被王磊这一连串的指责弄得面红耳赤，羞愧难当，连忙道歉并承诺会迅速改正错误。

然而，在接下来的项目合作中，王磊时常提及刘刚的这个错误，对刘刚的工作也变得愈发挑剔。每当刘刚提出一个新的观点或建议时，王磊总是第一个跳出来反对，还讽刺道："就凭你，还能想出什么高招？上次的错误你还没吸取教训吗？"

渐渐地，刘刚对王磊心生怨恨，两人的关系愈发紧张。在工作中，他们不再主动交流和协作，导致项目进展得十分艰难。

人情世故问答

1

瘦高个儿：**朋友不慎遗失了我的贵重物品，他的心情很低落，我应该如何做？**

胖邻居：面对这种情况，如果你直接埋怨朋友，非但不能挽回损失，反而会伤害你们之间的感情。以理解之心对待朋友的失误，共同寻找弥补的办法，既能彰显你的大度，也有助于朋友缓解低落的情绪。你要学会保持平和的心态，与朋友一起商量，想办法进行补救。

2

瘦高个儿：**朋友的话语让我感到不悦，我该如何回应？**

胖邻居：朋友间也会有摩擦，宽容对待朋友的不当言语，既能维护友谊，又能让朋友意识到自身的问题，促进双方的共同成长。所以这时候你先别急着反驳或生气，不妨先思考一下朋友为何会这么说，随后以平和的口吻表达你的感受，例如："你刚才说的话让我感到不适，我很清楚你并无恶意，但我希望你今后在言语上能更加注意。"

3

瘦高个儿：**邻居晚上制造噪声，影响了我的休息，我该如何处理？**

胖邻居：你可以找个合适的时间，礼貌地敲开邻居家的门，表达你的困扰："最近晚上有点儿吵，我休息得不太好，能不能请你们稍微注意一下呢？"如果沟通无效，可以考虑向物业或小区管理方反映情况，请他们协助调解。在反映问题时，要保持冷静和客观，说明具体情况和你的诉求。同时，你也可以尝试采取一些隔音措施，比如戴上耳塞或调整房间布局，以减少噪声对你休息的影响。记住，处理这类问题时，要尽量保持冷静和理智，避免与邻居发生冲突或矛盾，以和平、友好的方式解决问题。

4

瘦高个儿：**在团队协作中，有人频繁偷懒，我该如何指出问题？**

胖邻居：团队协作是一个长期的过程，如果直接吵翻，会导致接下来的工作很难进行。当你发现同事偷懒，先别急着向领导反映，可以先私下与这位同事交流：“我们都在为这个项目全力以赴，我注意到你最近的状态似乎有些不对。要明白，我们是一个团队，需要共同分担责任，希望你能更加投入一些。”

5

瘦高个儿：**有人在公共场所不小心撞到了我，却没有道歉，我应该怎么做？**

胖邻居：首先，你要保持冷静，不要立即发火或指责对方。可能对方并没有意识到撞到了你，或者是因为太匆忙而忘记了道歉。你可以轻轻拍一下对方的肩膀，微笑着提醒：“嗨，你刚才撞到我了。”这样既能引起对方的注意，又不会显得过于强硬。如果对方仍然没有反应或道歉，也不要太在意，毕竟每个人的素质都不相同。你可以选择离开，或者继续做你的事情，不要让这个“小插曲”影响到你的心情。

6

瘦高个儿：**同事做出了一个我不同意的决定，我该如何处理呢？**

胖邻居：在工作场合中，同事之间也需要相互包容与理解。当同事做出一个你不同意的决定时，不要急于直接反对。首先，耐心地倾听同事的想法。这不仅体现对同事的尊重，也能让你更好地了解他们的思考过程。然后，当你准备表达自己的观点时，要注意表达方式。

你可以这样说："我能理解你们做出这个决定有一定的考虑，我也想分享一下我的看法，咱们一起探讨一下，看看能不能找到一个更合适的方案。"这样的处理方式能够避免冲突，维护良好的工作关系，同时也有可能为问题找到更好的解决途径。

7 我发现朋友在某些小事上对我有所隐瞒，我该如何处理？

瘦高个儿

胖邻居

你先不要急于疏远朋友，可以先找对方坦诚地沟通，了解具体情况。如果是一场误会，那就化解误会；如果确实是对方的行为不当，也可以给对方一个解释和改正的机会。你可以这样说："我感觉最近我们之间好像有点儿小问题，找个时间聊聊吧，把心里的想法都说出来。"

8 我得知有人在背后议论我，该如何应对？

瘦高个儿

胖邻居

你要先想想自己有没有做得不够好的地方，有则改之，无则加勉。别急着去对质或辩解，这样反而可能让事情变得更糟。试着从第三方那里了解更多情况，看看是不是真的有问题需要解决。如果确实被误解了，找个合适的机会，用平和的语气解释清楚就好，不要过于强调或辩解什么，毕竟行动比言语更有说服力。最重要的是，你要保持自信和坦荡，不要因为别人的议论而怀疑自己。你的价值不是由别人的评价来定义的，做好自己，时间会证明一切。

9 在竞争中，发现对手采用了不正当的手段，我该如何做？

瘦高个儿

胖邻居

搜集相关证据，确保自己的指控有据可依。然后，你可以通过合适的渠道，比如向上级或相关部门反映情况，让公正的力量来裁决。在反映问题时，要客观、具体，只陈述事实，不加入个人情绪。同时，你也不要因此而受影响，保持自己的节奏和策略，用实力和诚信去赢得竞争。记住，不正当的手段可能一时得利，但从长远来看，实力和诚信才是赢得尊重的关键。在这个过程中，你也要反思自己，确保自己的竞争行为是正当和公平的，这样才能站得住脚，赢得他人的尊重和信任。

人情世故说一说

生活中，我们难免会遇到不如意的人和事，如果事事计较，不仅自己疲惫，还会伤了与他人的和气。宽容，就是能原谅别人的小过错，不轻易发脾气，不记恨在心。它像一把钥匙，能打开误解的大门，让人与人之间的关系更融洽。宽容的人，更容易赢得他人的尊重和友谊，因为他们懂得理解、包容。而且，宽容还能让自己心情更舒畅，减少不必要的烦恼。

在日常生活中，如何做到宽容待人呢？

场景一：你付出了很多努力完成了一个重要任务，却被同事抢了功劳，你该怎么办？

在工作中遇到被同事抢功劳的情况，如果立刻爆发冲突，可能会让局面变得更糟，影响工作氛围和团队合作。你可以友好地与同事沟通，既表达自己的感受，又给同事一个台阶下，有利于维护与同事的良好关系，也可以展现自己的大度和成熟。

场景二：你的好朋友忘记了你的生日，你有点儿失望，该怎么处理呢？

每个人都有疏忽的时候，朋友忘记你的生日并不一定代表不重视你。宽容地对待朋友的失误，能让朋友感受到你的理解和包容，也会让你们的友谊更加稳固。如果因为这件小事而生气或抱怨，可能会让朋友感到压力，反而不利于友情的维护。你可以在之后的聊天中轻松地提起，让朋友意识到你很在意得到他的祝福。

场景三：在超市排队结账时，一个陌生人不小心踩到了你，也没有道歉，你该怎么做？

在与陌生人发生小摩擦时，宽容地处理能避免冲突升级，也显示出自己的修养和素质。如果因为一点儿小事就大动肝火，不仅会影响自己的心情，还可能引发更激烈的冲突。通过合理的方式解决问题，能让你的生活更加和谐。

人情世故之道

宽容是人际交往的必备品质。世上没有绝对的好与坏，正邪善恶常常交织在一起。因此，我们在为人处世时，有时也需要有兼容并蓄的胸怀。如果眼睛里容不下一粒沙子，对任何小事都斤斤计较，不仅会让自己陷入尴尬境地，还有可能会遭到怨恨。

5 保持边界感，做人做事不要越界

在人际交往中，应与他人保持适当的距离，既不过于亲近，也不过于疏远，能让彼此都感到舒适。有边界感的人懂得如何说“不”，既能够保护自己的权益，也不会让他人得寸进尺。同时，他们也能够理解并尊重他人的边界，避免造成误会和冲突。这样的相处方式能让彼此的关系更加健康、和谐。

刘冉是个性格开朗、热情洋溢的人，但在挑选礼物这件事上，她总是缺乏恰到好处的边界感。

有一次，她得知一位好友即将步入婚姻的殿堂，便决定送上一份特别的礼物——一套精心挑选的家居装饰品。然而，刘冉不仅挑选了装饰品，还擅自决定帮好友重新设计婚房布局，甚至将一份详细的改造计划连同礼物一起送了过去。好友打开礼物时，虽然表面上感激刘冉的好意，但内心却对这份“过度设计”的礼物感到十分不满，毕竟婚房的设计应该由她和未婚夫共同决定。

另一次，刘冉得知朋友刚搬新家，便迫不及待地去参观，并当场决定送一幅画作为乔迁之喜的礼物。但她在选择画作时，没有考虑到朋友的个人喜好和家居风格，而是根据自己的审美挑选了一幅。朋友收到这份礼物时，虽然勉强表示喜欢，但私下里却觉得这幅画与家里的装饰格格不入，无处安放。

人情世故问答

1

瘦高个儿

朋友总是打听我的感情状况，我该如何回应？

胖邻居

直接拒绝朋友对感情状况的询问可能会让朋友不开心，但你可以巧妙地转换话题，既能保护自己的隐私，又能避免产生矛盾。在人际交往中，清晰地划分个人生活与他人关注的界限，是守护个人空间的关键。你可以轻松地回应："哎呀，我的感情生活现在没什么可说的，要不我们聊聊最近看的那部有趣的电影吧。"

2

瘦高个儿

朋友想借用我的贵重物品，但我有所顾虑，该如何拒绝呢？

胖邻居

拒绝朋友的要求时，需要委婉且给出合理的理由，让朋友理解你的立场。明确交往的边界，也是对自己权益的一种保护。直接拒绝可能会损害这段友谊，而通过沟通寻找替代方案则能更好地维持双方的关系。你可以真诚地告诉他："我真的很珍视这件物品，平时自己都小心翼翼地使用。我担心借给你后，万一出现意外，物品受到损坏，那就太可惜了。要不我们一起想想别的解决办法吧！"

3

瘦高个儿

亲戚总是对我的职业规划指手画脚，我应该怎么拒绝呢？

胖邻居

你可以微笑着回应："谢谢您的关心和建议，我会认真考虑的。"然后转移话题，聊聊亲戚可能感兴趣的其他内容，比如最近的趣闻或者家庭琐事，避免在职业规划上继续深入讨论。私下里，你可以坚定自己的职业目标，根据自己的兴趣和能力做出最适合自己的选择。毕竟，职业规划是你自己的事情，最重要的是听从你自己内心的声音，追求自己的梦想。如果亲戚的意见确实有价值，也可以适当参考，但最终的决策还是要基于自己的情况进行判断。

4

瘦高个儿

朋友常在我的休息时间找我帮忙做一些琐事，我应该怎么拒绝？

胖邻居

面对朋友的请求，不能一味答应，也不宜生硬拒绝，而要根据自己的时间安排，合理说明自己的状况。明确个人时间与他人需求的界限，这样既能让朋友了解你的处境，也能维护你自己的休息权利。你可以在合适的时候找朋友这样沟通："我很愿意帮你，但休息时间我也需要放松一下，这样我才能在其他时候更有精力。如果有急事，能不能提前跟我说一声，让我有个准备？"

5

瘦高个儿

在社交活动中，有人总是硬拉我加入他们的话题讨论，而我并不想参与，该如何拒绝？

胖邻居

委婉的拒绝既不会让对方尴尬，也能让自己更自在地享受社交。你可以礼貌地回应："抱歉，我对这个话题不太熟悉，你们继续聊吧，我在旁边听听，学习学习就好。"

6

瘦高个儿

朋友未经我的同意就将我的照片发至朋友圈，我该如何处理？

胖邻居

明确照片分享的界限，让朋友了解你的底线，有助于维护双方的友谊。你可以私下与朋友沟通："我看到你把我的照片发到朋友圈了。下次能不能先征求一下我的意见呀？我对照片公开的事情比较在意。"

7 邻居常突然来借东西，让我有些苦恼，该如何拒绝？

瘦高个儿

你可以找个合适的时机，委婉地和邻居沟通一下，比如说："我最近有点儿忙，有时候可能不在家，有些东西也不太方便外借。"同时，可以建议邻居提前打个招呼，这样你可以更好地安排，也不会显得太突然。如果确实有些东西是常用的，也可以考虑向邻居推荐一些购买渠道或者提供租借服务，这样既能帮助邻居解决问题，又能避免频繁借还的麻烦。记住，沟通是关键，要保持友好和尊重，避免因为小事而产生矛盾。通过合理的沟通，相信邻居也能理解你，找到更好的解决办法。

胖邻居

8 家人总是随意进出我的房间，我该如何让他们学会尊重我的私人空间？

瘦高个儿

在家庭中，即便是家人，也应尊重彼此的隐私。明确房间是你的私人空间，让家人知晓你的需求，有助于构建健康和谐的家庭氛围。你可以和家人坐下来深入交谈，让他们征得你的同意再进来。

胖邻居

9 有人聊天时总爱问一些敏感话题，我不想回应，该怎么处理？

瘦高个儿

对于敏感话题，要有勇气拒绝回答。守护自己的心理界限，不让他人的问题侵犯自己的隐私。你可以转移话题，这样既能化解尴尬，又能保持交流的顺畅。你可以轻松地笑着说："这个问题挺敏感的，我不太想聊这个，要不我们换个话题吧。"

胖邻居

人情世故说一说

做人做事，边界感很重要。每个人都有自己的底线和私人空间，不要轻易跨越或进入。比如，不问别人的隐私，不随意动别人的东西，不勉强别人加入不想参与的话题讨论。尊重他人，就是尊重自己。同时，也要明确交往的边界，学会说“不”，保护自己的隐私不受侵犯。与他人保持适当的距离，让彼此都感到舒适，这样人际关系才能更加和谐，避免产生不必要的矛盾和误会。

那么，在不同的场景中，我们该如何保持边界感呢?

场景一：你和伙伴一起筹备活动，发现他的组织方式不太高效，该如何提建议?

你可以先花一段时间留意伙伴组织活动的过程，找一个恰当的时机，比如在活动筹备的中期会议上，以较为委婉的方式表达自己的观点。你可以这样说：“我在负责自己这一部分任务的时候，有一些新的想法，不知道对咱们整个活动筹备有没有启发。我们可以考虑一下其他的组织方式，或许能提升效率。当然，这只是我的一个小提议，具体还得听听大家的意见。”

场景二：最近朋友的感情生活出现了问题，经常找你倾诉，你很想帮忙，但又怕越界，该怎么办呢?

在朋友向你倾诉的时候，认真倾听，给予他情感上的支持。但不要擅自给出具体的行动建议。你可以这样说：“我知道你现在很不容易，我会一直在你身边支持你。感情的事情确实很复杂，你自己的感受最重要。如果你需要我给出一些建议，随时告诉我。”

场景三：在一次聚会上，你遇到了一个很有才华的人，很想和他深入交流，但又担心过于热情会让人家觉得越界，该怎么办呢？

你可以先从一些轻松的话题开始，比如聚会的氛围、美食等，观察对方的反应。如果对方也有交流的意愿，再逐渐深入，谈论一些大家都感兴趣的话题。但要注意不要追问对方的私人生活或者强行主导话题。

人情世故之道

在人际交往中，边界感是维系和谐关系的基础。它关乎尊重与理解，使我们在互动中既能保护自己的私人空间，也能给予对方相应的自由。明确界限，意味着知道何时止步、何时倾听，不越界侵犯他人的隐私与权益，同时又能拒绝对方的无端侵扰。把握好分寸感，如同在人际交往中设立了缓冲区，让彼此都能感到舒适与被尊重。

人情世故小问答

1. 在为人处世中，你认为给人留余地最重要的表现是什么？请结合自身经历谈一谈。

____

____

2. 怎样才能做到广结良友？分享一下你在拓展人脉方面的成功经验或遇到的挑战。

____

____

3. “枪打出头鸟”这句话给你在生活和工作中的启示是什么？你有没有因为过于高调而吃亏或者因为低调而获得好处的经历呢？

____

____

4. 在与人交往时，宽容大度具体应该体现在哪些方面？讲述一个你宽容对待他人并取得好结果的故事。

____

____

5. 如何在不同的社交场景中保持边界感？举例说明哪些行为可能会越界以及如何避免。

____

____

第三章

处事之礼：智慧应对，从容不迫

中午一起吃饭吧？我请客。
好啊，那我就不客气啦！
你今天怎么想起请客啦？
今天心情好，跟我的好朋友冰释前嫌了。
那确实让人心情好，恭喜了。
谢谢。
能不能说说你们之间发生了什么？
嗨，就是因为小事闹了矛盾。
什么样的小事，还至于闹矛盾？
就是他这个人比较固执，不听别人劝。

智慧心语

在为人处世中，人们难免会遇到一些困境，此时不要急于行动，要先冷静思考，找出最佳解决方案，避免冲动行事带来的后果。无论遇到何种困难，我们都应该保持一颗平常心从容面对，不急不躁。这样，不仅能让自己的思维更加清晰，也能给他人留下稳重可靠的印象。平时处事时，多一分智慧，少一分慌张，才能在人生的道路上走得更加从容。

1 隐忍之道，忍一时风平浪静

在为人处世中，我们常常会遇到诸多需要隐忍的事情。当遭遇不顺时，我们应先学会隐忍，避免采取极端行为，防止让自己陷入更加不利的境地。我们所说的“忍”，并不意味着放弃反抗，也不是无视原则，更不是卑微地任人摆布，而是在忍耐的过程中伺机而动，凭借理智的头脑去赢得更大的成就。

林浩是个手艺人，以雕刻、售卖木雕为生。他心地善良，但有一个缺点，就是遇事容易冲动，不懂得隐忍。

上个月，省里举办了一场盛大的木雕展览，邀请了各地的手工艺人前来展示技艺。林浩也带着自己精心制作的木雕作品参加了。他的作品技艺精湛，很快就吸引了许多人的围观和赞叹。不过，一位名叫赵强的手工艺人却对林浩的作品提出了质疑，认为他的木雕线条不够流畅，色彩搭配也显得有些不协调。

林浩一听，顿时火冒三丈，当场与赵强争执起来，言辞激烈，甚至动手相互推搡。主办方为了避免事态扩大，只好提前结束了展览。林浩虽然逞了口舌之快，但错过了展示才华的大好机会。

事后，林浩深感后悔。他意识到，自己在冲动之下失去了理智，不仅损害了自己的形象，还错过了与同行交流学习的宝贵机会。

人情世故问答

1

瘦高个儿：伴侣误会了我，还在家人面前数落我，我觉得很委屈，应该如何应对？

胖邻居：这个时候一定要克制住内心的委屈和难过，避免当场和伴侣争吵。在伴侣数落结束后，你可以平和地说："我会好好反思一下。"然后，找一个合适的时机，和伴侣单独沟通，把事情解释清楚。

2

瘦高个儿：邻居把他答应别人的事推给我，我很生气，该如何是好？

胖邻居：你不要立刻发火拒绝，可以先了解一下邻居的具体情况。如果邻居确实遇到了很大的困难，你可以适当伸出援手，但也要委婉地表达希望他以后尽量自己解决问题的想法。

3

瘦高个儿：同事误会是我泄露了她的隐私，对我发脾气，我很委屈，该怎么办？

胖邻居：首先，你要尽量保持冷静，不要被情绪控制。来，做个深呼吸，放松一下，避免在情绪激动时做出不理智的回应。你可以给同事一个机会表达她的不满和疑虑。认真倾听她的说法，然后澄清自己的立场，明确表示你并没有泄露她的隐私。如果可能的话，提供一些证据来证明你的清白，包括聊天记录、邮件或其他能证明你并未涉及此事的信息。如果同事仍然不相信你，你可以寻求上级或人力资源部同事的帮助，让他们介入调解。这样可以借助一个更客观和公正的平台来解决问题。即使同事对你发脾气，你也要保持开放和友好的态度。尽量避免争吵或冲突升级，而应寻求一个和平的解决方案。在事件过后，再自我反思是否有行为可能让同事产生误会。虽然这次可能是个误会，但了解自己在沟通或行为上的不足也有助于未来的改进。

4

瘦高个儿：**朋友的工作进度滞后，影响了整体进度，我感到很焦急，该如何是好？**

胖邻居：你先别急着责怪朋友，因为指责朋友可能会损害你们的友情。要保持耐心，共同解决问题，这不仅体现了团队合作的精神，也体现了对朋友的关心，有助于项目的顺利进行和友情的维护。

5

瘦高个儿：**家人对我的生活方式提出了我无法接受的要求，我应该如何回应？**

胖邻居：你先别急着反驳，先耐心听完家人的意见，再表达自己的想法和感受。因为直接反驳家人会引发家庭矛盾。保持耐心并进行沟通，可以体现对家人的尊重，有助于维护家庭和谐，也有助于找到更合理的解决方案。

6

瘦高个儿：**在谈判中，对方提出了极为苛刻的条件，我应该如何拒绝？**

胖邻居：你应该先抑制住愤怒，别急着拒绝。可以先仔细分析对方的条件，再提出自己的合理诉求和相关依据，进行协商，争取找到一个双方都满意的方案。这样做能更好地维护自己的权益，也有可能促成合作。

瘦高个儿

7 我得知有同事在背后说我的坏话，该如何应对？

胖邻居

你应该先冷静下来，分辨这些话是真是假，有没有道理。如果是谣言或误会，找个合适的机会，用平和的语气跟对方聊聊，澄清事实。同时，保持自信，别让这些话影响到你的心情和工作，毕竟你的价值不是由别人的评价来定义的。如果坏话传到了你耳朵里，也可以找个信任的同事或朋友倾诉一下，听听他们的意见，但别让他们帮你出头，避免事态恶化。最重要的是，做好自己的工作，用实际行动证明自己的能力和价值。时间一长，大家自然就能看到你的闪光点，那些谣言也就不攻自破了。

瘦高个儿

8 在活动中，我的意见被大多数人否定了，我该怎么面对？

胖邻居

先别固执地坚持自己的观点，听听别人的意见，思考一下自己的想法是否有不足之处。如果有，可以改进；如果没有，可以保留看法，但不必强行争辩。你可以这样说："大家的意见都很中肯，我会重新考虑一下我的想法。"

瘦高个儿

9 面对不公平的待遇，我应该如何运用隐忍的智慧？

胖邻居

先别急着抱怨或反抗，评估一下当前的形势。反抗可能会带来更大的损失，可以选择暂时忍耐，同时寻找合适的时机来争取公平。因为在面对不公正的待遇时，冲动反抗可能会让情况更糟。保持冷静并积极寻找解决办法，既能展现自己的理智和成熟，也有助于扭转不利局面。

人情世故说一说

做人行事固然要坚持原则，但在不违背个人本意与社会道德规范的前提下，掌握忍耐的技巧是不可或缺的社会生存智慧。忍耐不仅是提升自我修养的秘诀，更是深邃的为人处世哲学。几乎每一位成功者都是凭借超凡的忍耐力，熬过人生的艰难时刻，最终踏上成功道路。

场景一：你自认为各方面表现都很出色，但是另一个朋友在某个活动中获得了更多的赞誉，你内心感到很不平衡，应该如何处理？

首先你要克制住内心的失落和嫉妒情绪。可以这样思考，这次朋友获得赞誉必然有其原因，或许朋友在某些方面确实有值得学习的地方。你可以找个合适的时机，与朋友交流，虚心向他请教自己可以改进的地方。

场景二：在与朋友交流的过程中，朋友因误解而对你进行无端指责，你感到非常委屈，应该如何解释？

你要先忍住委屈和愤怒，避免与朋友发生争吵。可以先让朋友充分表达情绪，然后耐心地解释并澄清误会："请你先别生气，我非常理解你的感受。可能我们在某些方面的沟通存在问题，让你产生了误解。我来给你详细解释一下……"朋友是重要的人，忍住一时的委屈，以真诚和耐心的态度去解决问题，能够维护良好的友谊，对你自己的生活也有益处。与朋友发生不必要的争执，可能会伤害彼此的感情。

场景三：在社交活动中，你提出了一个自认为很好的想法，但大家都没有给予足够的重视，应该如何是好？

你要克制住失落感，不要轻易放弃自己的想法。可以在合适的时机，再次以恰当的方式提出自己的想法，并阐明其理由和优势。

人情世故之道

忍耐是成功者必备的素质，很多时候冲动会带来不必要的冲突，忍耐才有可能扭转败局，在逆境中赢得胜利。当然，在面对重大原则问题时，我们不能一味妥协退让，因为那是真正的软弱无能，是任由他人欺凌的懦弱表现。

2 推己及人，己所不欲，勿施于人

孔子曾经说过，“己所不欲，勿施于人。”教导我们要以一种推己及人的态度与他人相处。如果你渴望以某种方式生活，就应理解别人也同样有自己的生活方式；如果你不希望别人以某种方式对待你，那么你就不应以同样的方式去对待他人。

刘娜家里总是堆满了各种用不上却又舍不得扔的东西。眼看着东西越积越多，她决定来个“大扫除”，顺便把这些“宝贝”送给需要的朋友，当作一份心意。

这天，刘娜整理出一堆旧物，包括几本泛黄的书、几件不再合身的衣服，甚至还有早已被淘汰的万能充电器。她想着，这些或许对别人还有用呢。于是，她打包好这些礼物，一一送给了朋友。

丈夫张然看到这一幕，不禁皱了皱眉。他轻声提醒刘娜：“亲爱的，你自己都不想要的东西，就不要送给别人了。比如那个万能充电器，现在谁还用啊？”刘娜一听，顿时恍然大悟，她意识到自己确实没有考虑到朋友们的实际需求。

从那以后，刘娜在送礼前都会先问问自己：“这东西我真的觉得好吗？如果是我，会喜欢吗？”她学会了推己及人，不再盲目送礼，而是更加注重礼物的实用性和对方的喜好。

人情世故问答

1

瘦高个儿

在生活中，朋友老是找我解决麻烦事，我该如何应对？

胖邻居

如果不拒绝那些不合理的请求，会让朋友产生依赖心理，同时也给自己带来过多的压力。所以你要让朋友学会换位思考，让他明白自己不愿意被无端增加负担，就也不要轻易麻烦别人。

2

瘦高个儿

我在生活中遇到了一个难题，想向朋友求助，又担心他在忙，怎么办？

胖邻居

你可以先思考自己如果处于朋友的位置，是否愿意被打扰。然后，选择一个合适的时机，礼貌地表达自己的需求，并询问对方是否方便帮忙。

3

瘦高个儿

朋友向我借钱，我该怎么办？

胖邻居

在借钱之前，你应该先了解对方的借款用途和还款计划。如果决定借钱，要明确借款金额、还款期限和利息（如果有的话）。同时，也要做好可能无法收回借款的心理准备。在借款的过程中，双方都应保持沟通的透明和坦诚，避免产生误解和矛盾。

4

瘦高个儿

如果有人在背后说我坏话，怎么办？

胖邻居

想想自己是否也曾有过不经意间伤害他人的言行，直接与对方沟通，以平和、开放的态度询问对方为何会有这样的看法，同时表达自己的感受和立场。但在此之前，要确保你的动机是寻求理解和解决问题，而非报复或指责。如果直接沟通不可行，你也可以选择通过第三方了解背后的原因，或者干脆不予理会，专注于自我提升和正面形象的塑造。毕竟，你的价值不应由他人的言论来定义。

5

瘦高个儿

被误解时，我应该如何做？

胖邻居

首先，你要学会换位思考，想象自己若处于误解者的位置，是否也希望对方能够冷静、理性地回应。答案是肯定的。因此，在遭遇误解时，我们应以同样的标准要求自己，保持冷静，避免情绪化的反应。其次，用平和的语气来表达自己的观点和感受，而不是采取攻击性的言辞。这样不仅能够避免误解的加深，还能够让对方更容易接受你的解释。总之，保持冷静，用同理心去理解对方的立场，是化解误解的关键。记住，你希望他人如何对待你，你就应如何对待他人。通过保持冷静和理性，我们可以更好地解决问题，维护和谐的人际关系。

6

瘦高个儿

我提出了一个计划，但是合作伙伴担心投入过大不同意，怎么办呢？

胖邻居

你可以设身处地想象一下，如果你和合作伙伴身份互换，如何权衡投入与回报。你可以主动询问合作伙伴对投入的预期，并调整计划以减少投入，同时确保回报。在交流中，表现出你的理解和合作意愿。

7

瘦高个儿

朋友犯了错，直接批评他合适吗？

胖邻居

当你准备对朋友的行为提出批评时，设想一下，如果自己是朋友，会希望得到怎样的对待。在批评之前，先认可朋友的优点或其他好的方面，接着以建设性的方式指出问题所在。避免使用尖锐的语言，多用“我认为”或“我感觉”等较为温和的词语来表达。同时，要给出具体的改进方向，让朋友感受到你的真诚和想要帮助他的心意，而不是单纯地指责与打压。

8

瘦高个儿：孩子想看电视，但是我担心这会影响他学习，怎么解决比较合适？

胖邻居：在家庭中，当你与孩子产生分歧时，要试着从他的视角看问题。就爱看电视这个问题来说，你可以与孩子沟通，了解他为什么想看电视，同时提出你的担忧。之后，你们可以共同制订一个合理的看电视和学习的时间表，让孩子感受到你的尊重和理解。

9

瘦高个儿：如果我不小心犯了一个错误，影响到了别人，我该怎么做？

胖邻居：首先，你要及时承认错误，向对方道歉，并尽力弥补。你可以这样说：“非常抱歉，我知道我的错误给您带来了麻烦。我会尽快改正，希望您能原谅我。”每个人都希望别人在犯错后能诚恳道歉和弥补，那么自己也要做到。推己及人，勇于承担责任，这样才能维护良好的人际关系。

人情世故说一说

“己所不欲，勿施于人”虽然只有短短8个字，却蕴含着深刻的道理。简而言之，就是要推己及人，用对待自己的标准去对待别人。在与人相处时，要多一份理解和尊重。比如，你不喜欢被嘲笑，那就不要去嘲笑别人；你不喜欢被欺骗，那就不要去欺骗别人。用这样的心态去对待周围的人，就能减少很多冲突和伤害。

在日常生活中，我们应该如何践行“己所不欲，勿施于人”的原则呢?

场景一：在公司的重要项目竞争中，你使用了不光彩的手段打压对手，现在内心感到不安，该如何是好?

职场中若为了竞争而不择手段，会破坏良好的工作氛围和人际关系。自己不希望被不公平对待，就不应对他人使用不正当手段。此时的首要任务是正视自己的错误，找个恰当的时机，向受到影响的竞争对手诚挚致歉，并承诺今后不再采取此类手段。

场景二：邻居家的宠物狗在公共区域乱跑乱叫，你很不满，但你有时也会在公共区域堆放杂物。该如何处理这种情况?

在社区生活中，不能光要求别人遵守规则而自己却不遵守。推己及人，自己不希望被别人的行为影响，就应先规范自己的行为，再与他人友好协商解决问题，共同营造和谐的社区氛围。你应该先将自己在公共区域堆放的杂物清理干净，然后友好地与邻居沟通关于宠物狗的问题。

场景三：你和家人经常争吵，该如何改善关系?

在家庭关系中不能只考虑自己的感受而忽视家人的需求。自己希望被家人尊重和理解，就应先做到尊重和理解家人。你要学会设身处地地为家人着想。在冷静下来后，应和家人坦诚地交流，表达自己的感受与期望，同时也倾听家人的想法。

人情世故之道

在与人交往中，“己所不欲，勿施于人”是个黄金法则。遵循这个法则，我们将更懂得尊重他人，理解他人的感受。这样，我们的人际关系就会更融洽，大家都能和睦相处。毕竟，没有人喜欢被伤害或轻视。所以，记住这句话，用它来指导自己的日常行为，我们才能拥有良好的人际关系，让生活更加愉快。

3 懂得变通，识时务者为俊杰

变通的核心在于通过改变自身来实现目标。掌握变通之道，是为人处世的关键智慧。正所谓“变则通，通则久”，无论是言语表达还是人际交往，我们都应避免被固定框架所限制，而应学会灵活变通，这样才能自如地应对各种情境，最终取得成功。

马晓从国外归来，满心欢喜地准备了一些特色巧克力作为礼物，打算分给亲朋好友，让大家分享她旅行的快乐。其中，也有一份是特意为张大姐准备的。

当马晓把巧克力递给张大姐时，张大姐面露难色，但出于礼貌还是收下了。回家后，张大姐看着手中的巧克力，心里有些无奈，因为她血糖高，根本不能吃甜食。她忍不住向丈夫抱怨起来：“这马晓也真是的，明知我血糖高，还送巧克力。”

丈夫听后，笑着安慰道：“马晓也是一番好意嘛，下次你可以提醒她，送礼要懂得变通，要根据对方的年龄、性别、健康状况来选礼物。比如，你可以告诉她，送些茶叶、围巾或是健康食品会更好。”

张大姐听了丈夫的话，觉得很有道理。第二天，她特意找到马晓，感谢她的心意，并委婉地提出了自己的建议。马晓听后，连连点头，表示以后会注意这些细节。

人情世故问答

1

瘦高个儿

在社团活动中，负责人突然要求改变活动的形式，可我已经在原来的形式上投入了大量精力，心里十分抵触，该怎么办？

胖邻居

在社团活动中，负责人的决策一般是为了让活动更加精彩和有意义。你首先要努力调整自己的心态，意识到负责人的决定或许是出于更全面的考虑。接着积极去了解新形式的要求，重新安排自己的任务。学会变通，积极配合负责人的要求，既能展现自己的执行力和团队合作意识，也能为自己赢得更多的成长机会和良好的社团体验。

2

瘦高个儿

我和朋友一起创业，但是在经营过程中发现原来的商业模式不可行，朋友坚持要继续，我该怎么说服他改变策略？

胖邻居

和朋友合作创业，需要尊重彼此的意见。懂得变通，以理性的分析和建议来引导朋友改变策略，这样既能维护友谊，又能提高创业成功的可能性。不要强行否定朋友的想法，可以先和朋友分析当前的困境和问题，然后提出一些新的思路和方案。

3

瘦高个儿

在社交场合中，遇到一个和自己观点完全不同的人，我们争论得很激烈，该怎么化解矛盾？

胖邻居

在社交场合中，尊重不同的观点能展示自己的包容和成熟。懂得变通，避免争论，求同存异，才能建立良好的人际关系。不要固执己见，可以尝试从对方的角度去理解他的观点，然后找到一个共同点进行沟通。

瘦高个儿

4 家人希望我选择一个稳定的职业，但我有自己的理想和追求，该怎么平衡？

胖邻居

你不要直接拒绝家人的建议，可以先倾听他们的理由，然后表达自己的想法和规划。你可以这样说：“我知道你们是为我好，担心我的未来。但是我也有自己的理想和追求，我们可以一起商量一下，看看有没有一个折中的办法，既能让你们放心，又能让我追求自己的梦想。”

瘦高个儿

5 在谈判过程中，对方提出了一个非常苛刻的条件，我无法接受，该怎么回应？

胖邻居

在谈判过程中，直接拒绝容易导致谈判破裂，要懂得变通。通过协商和妥协，能提升达成合作的可能性。不要立刻拒绝，可以先表示理解对方的立场，然后提出自己的困难和一些调整的建议，从而获得对方的同意。

瘦高个儿

6 在学习新技能的过程中，我发现原来的学习方法效果不好，该怎么办？

胖邻居

你不妨暂停一下，反思为何该方法不适用。是因为内容太难、太枯燥，还是自己的学习方式需要调整？随后，你可以尝试寻找新的学习资源或工具。实际上，互联网上有许多优质的教程、课程和交流平台，或许能为你提供新的学习思路。同时，你也可以尝试改变学习环境或时间。有时候，一个小小的环境调整就能极大地提升学习效率。最重要的是，你要保持灵活和开放的心态。学习是一个不断探索和试错的过程，只有勇于尝试，才能找到最适合自己的学习方式。

7

瘦高个儿

在团队合作中，我自己的意见被大多数人否定了，该怎么做？

胖邻居

不要固执地坚持自己的意见，可以先听取大家的理由，然后重新审视自己的意见是否有不足之处。如果有，可以改进；如果没有，可以保留自己的观点，但要尊重团队的决定。

8

瘦高个儿

在生活中，我遇到了一个无法解决的问题，该怎么办？

胖邻居

不要钻牛角尖，可以试着换个角度去思考问题，跳出原有的思维框架。有时候，思路上一个小小的转变就能带来意想不到的突破。如果独自思考无果，不妨向他人求助或寻求专业意见。每个人都有自己的专长和经验，也许别人的视角能为你提供新的思路。同时，你也要学会接受并适应变化。生活中总有许多不可控的因素，我们需要灵活调整自己的计划和策略，以应对各种挑战。

9

瘦高个儿

我在面对新的环境和挑战时，感到很不适应，该怎么办？

胖邻居

在面对新环境时，要保持开放的心态，接纳新环境带来的变化。要认识到适应是一个过程，不必急于求成。要主动学习和探索，通过阅读、请教他人或实践来积累新的知识和经验，提升对新环境的理解和应对能力。同时，灵活调整自己的行为和策略。如果某些方法在新环境中行不通，就勇敢地尝试新的途径。最后，保持耐心和坚持。适应新环境需要一定的时间，不要因一时的困难而气馁。

人情世故说一说

在为人处世中，学会变通，才能游刃有余。不过，处世虽然需要变通，但我们也绝不能舍弃自己的原则，否则就成了毫无立场的浮萍。处事圆滑或许起初能给人留下机敏的印象，但这种印象绝不会长久。过分圆滑会令人反感，过于僵化也同样不受欢迎。面对不同的人和事，我们应巧妙运用变通之法，那么具体该如何操作呢？

场景一：作为一个职场新人，如何在坚持原则的情况下尽快融入团队？

在与同事相处中，你可以展现出积极友好的态度，主动参与团队活动和交流。比如在讨论工作时，认真倾听他人意见，适时发表有价值的观点，但不要固执己见。如果遇到与自己原则相冲突的情况，不要立刻进行激烈的反对，可以先了解团队的考量和背景，再以恰当的方式表达自己的看法。

场景二：和朋友产生了矛盾，想坚守原则不让步，又不想失去这个朋友，应该怎么办？

你应该先冷静下来，不要让情绪主导自己的行为。然后找个合适的时机，和朋友坦诚地沟通，表达自己对这件事的看法和自己坚持的原则，同时也要倾听朋友的观点和感受。

场景三：在一个社交场合中，有人提出了一个不太合适的建议，大家都随声附和，你觉得不妥但又不想显得不合群，该怎么办？

你可以委婉地表达自己的观点，既不直接否定别人，又能坚持自己的立场。比如你可以微笑着说："这个建议很有创意，不过我也有一个小小的想法……大家觉得怎么样呢？"如果大家还是坚持原来的建议，也不要强行反对，可以选择保留自己的意见，不参与不恰当的行为。

人情世故之道

面对问题时，许多人常按部就班地遵循传统思维，这种僵化的做法往往会导致失败。相反，若能学会灵活变通，我们便能找到新思路，达成目标，收获最终的胜利。变通并非易事，它是个人全面能力的展现。要想在这个竞争激烈的社会中立足，必须具备灵活应变的能力，成为一个擅长变通的人，方能以智慧取胜。

4 以退为进，适度妥协也是种智慧

以退为进，适度妥协，这既是展现自我的一种技巧，也是生存竞争中的一种谋略。这蕴含着深厚的智慧，若能巧妙运用，将带来极大的益处。在关键时刻，以退为进是展现自我的一种高超艺术，更是一种隐藏锋芒的策略。智慧的人精通此道，他们通过这种方法不断地进行自我提升，最终迈向成功。

小李对工作充满热情，总是力求完美，但他不懂得适时退让、做出适当妥协的重要性。在一次关键的项目讨论会上，小李对自己的方案信心满满，坚信它是最佳方案，对其他同事的建议一概不接受。每当有人提出改进意见，小李都会立刻激烈反驳，坚称自己的方案无可挑剔。这让同事们心生不满，觉得小李太以自我为中心，缺乏团队合作精神。慢慢地，大家都不太愿意和小李交流或合作了，小李在团队里变得孤立无援。

在与客户协商价格时，小李也显得非常固执。客户希望产品价格能有些优惠，但小李坚持认为公司定价已经很合理，不肯让步："我们的产品质量这么好，价格绝对不能降低。"

结果，客户因为小李的态度而选择了别的供应商，公司因此失去了一笔大订单，小李也因此受到了上司的严厉责备。

人情世故问答

1

瘦高个儿

在组织活动时，我和朋友因为活动流程意见不合，双方都不肯让步，该怎么处理？

胖邻居

首先你应该平静下来，看看对方的方案里有没有可取之处。然后主动提出一起再探讨探讨这两个方案，尝试融合。因为在组织活动中，固执地坚持自己的看法容易陷入僵局。往后退让一步，主动去寻找解决办法，既能避免矛盾，还可能找到更好的方案，对活动的进行和朋友关系的维护都有好处。

2

瘦高个儿

我和朋友们商量旅游的目的地，大家意见不统一，我应该怎么办？

胖邻居

先别急着说自己想去哪儿，听听朋友们是怎么想的。然后提出折中的建议，找个既能满足大家口味，又有点儿新意的地方。毕竟和朋友在一起，不能只想着自己。稍微让让步，找个大家都能接受的方案，旅行才能更开心，友情也能更稳固。

3

瘦高个儿

在商业谈判时，双方对价格、交货期等关键条款存在分歧，怎么办？

胖邻居

此时，一方可以主动提出稍作让步，比如降低价格要求或延长交货期，以换取对方在其他方面的妥协。这种暂时的后退可以营造和谐的谈判氛围，促使对方放松警惕，最终达成对双方更有利的协议。

4

瘦高个儿：**我面临着一个晋升机会，但竞争激烈，怎么办？**

胖邻居：保持冷静，不要急于求成。认识到竞争是常态，也是成长的机会。

你可以主动承担一些具有挑战性的任务，虽然短期内可能会面临更大的工作压力，但一旦成功完成，将大大提升自己的竞争力，为晋升打下坚实的基础。这种暂时的付出，是为了长远的职业发展。在竞争中寻找合作的可能。与同事建立良好的关系，共同为团队的目标努力。通过团队合作，展现你的领导力和团队协作能力。重要的是，要适度妥协，不要为了晋升而牺牲团队的利益或同事的关系。毕竟真正的胜利是长期的成长，而非一时的收获。

5

瘦高个儿：**我和伙伴因为一个活动的组织方式产生了严重分歧，怎么办？**

胖邻居：面对分歧，首先务必保持冷静，不要立刻反驳。你可以先表达对对方立场的理解，并强调双方的目的都是为了活动能够成功举办。接着，提出“也许我们可以先分别尝试一部分自己的方案，观察效果后再进行调整”的建议。这样既展现了你的合作态度，又给了双方一个检验想法的机会。适度妥协，意味着在坚守原则的基础上灵活应变，寻找共赢的解决办法。

6

瘦高个儿：**我和朋友因为小事发生了争执，我应该怎么办？**

胖邻居：首先要冷静下来，避免情绪化的言语和行为。你要认识到，争执往往缘于双方对同一件事的不同看法，而非个人恩怨。接下来，你可以尝试站在朋友的角度理解问题，倾听他的想法和感受。这有助于增进彼此的理解，减少误解。然后，你在表达自己的观点时，要注意语气和措辞，避免指责和攻击。你可以提出自己的建议，但也要表示愿意听取对方的意见。最后，适度妥协，寻找双方都能接受的解决方案。记住，友谊比争执中的胜负更重要。通过妥协，你们不仅能化解矛盾，还能加深彼此的理解和信任。

瘦高个儿

7 聚会上，大家提出了一个问题，但我有不同看法，怎么办？

胖邻居

在保持礼貌和尊重的前提下，耐心倾听他人的观点，理解他们的立场和角度，这有助于你更全面地看待问题，也为后续的表达打下了良好的基础。你在表达不同的看法时，应该采用温和的语气和措辞，避免直接否定或攻击他人的观点。可以强调你是从另一个角度思考问题，并愿意与大家共同探讨。然后，尝试寻找共识，即大家都认可的部分，并在此基础上提出你的看法。这有助于减少对立感，增加彼此的理解。最后，适度妥协。如果可能的话，你可以尝试融合多种观点，找到一个大家都能接受的解决方案。记住，聚会是为了增进友谊和交流，而非争论胜负。

瘦高个儿

8 我和妻子因为一件小事产生了争执，该如何以退为进？

胖邻居

在争执升级之前，先冷静下来，避免情绪化的言语和行为出现。争执往往缘于沟通不畅，而非真正的对立。你应主动倾听妻子的想法和感受，给予她充分的表达空间。这有助于增进彼此的理解，消除误解。表达自己的观点时，你要采用温和的语气，强调你是希望解决问题，而非制造矛盾。你可以提出自己的建议，但也要听取妻子的意见。最后，适度妥协。寻找一个双方都能接受的解决方案。要记住，婚姻中的和谐比争执中的胜负更重要。通过妥协，你们不仅能化解矛盾，还能加深彼此的感情。

瘦高个儿：在购物时，我发现商家标价过高，该如何争取优惠？

胖邻居：你不要直接表现出不满的态度，先询问商家是否有促销活动或赠品，然后提出你的诉求。在争取利益的同时，也要尊重商家的立场，通过友好的协商来达成双方都能接受的交易。

人情世故说一说

跳高时，如果站得足够远，就有可能跳得更远。在为人处世中，这个道理同样适用。暂时的退让和承受小损失，往往能够换取更长远的利益。关键在于不动声色地考虑对方的需求，既要优先考虑对方的利益，又要为自己的利益铺路。“以退为进”并非真正的退缩，而是一种策略，旨在通过退让来取得更大的成功。这种迂回的方式，在某些情况下比直接的方式更加奏效。

那么，面对不同的情况，我们该如何以退为进呢？

场景一：在组织一场社区活动时，各个参与小组都在争取更多的物资支持，导致物资分配陷入僵局。你作为小组负责人之一，该如何打破这个局面呢？

在物资争夺的局面中，强硬坚持往往难以达成一致。以退为进，主动放弃一部分利益，同时为自己争取其他方面的支持，能够推动活动顺利进行，也展现了自己的大局观和组织能力。

场景二：朋友对你们一起准备的聚会不满意，提出了非常苛刻的改进要求，该怎么处理呢？

与朋友产生分歧时，直接对抗会损害朋友之间的关系。适度妥协，提出合理的解决方案，既能满足朋友的部分需求，又能让聚会更好地进行，为后续的交往留下余地。因此，不要立刻拒绝朋友的要求，可以先表示理解朋友的不满，然后提出一个折中的改进方案。

场景三：在一个兴趣小组中，你和另一个成员在一些活动安排上产生了主导权之争，导致小组氛围紧张。该如何化解这个矛盾呢？

小组内部的权力之争会破坏小组的凝聚力。以退为进，适度妥协，明确责任，能够让小组成员更好地合作，共同为小组的发展努力。可以先主动放下一些对个人掌控权的坚持，给予成员一定的决策权，但同时明确双方的责任和目标。

人情世故之道

有时候，后退实则是另一种形式的前进，防守同样可视为一种策略性的进攻。暂时退让与妥协，克制冲突的冲动，将心中燃烧的志向默默转化为能量，蓄势待发，这样的后退所迎来的前进，将会更加迅速、高效且强劲。有时候，通向成功的道路并非直线，而是曲折蜿蜒、螺旋式上升的，唯有精通进退的智慧，方能从容应对，逐步迈向成功的彼岸。

5 冲动是魔鬼，别让浮躁坏了事

有句话叫“冲动是魔鬼”。冲动往往使人失去理智，仅凭个人主观想法，未经理性分析便做出错误的决定，结果既伤害他人也伤害自己，带来损失甚至造成无法挽回的过错。如果我们能够做到每件事都深思熟虑后再行动，就能避免许多错误和损失。

张超是个年轻气盛的人，在处理人际关系时常常显得急躁、冲动，缺乏自我控制力。一次在超市购物结账时，因为排队的人数众多，等待时间较长，张超变得焦躁不安，不断地发出抱怨声。当有人插队时，他怒不可遏地冲上前去与对方理论。结果，两人发生了激烈的争吵，差点大打出手。最后在超市工作人员的调解下，这场风波才得以平息。但张超因为这件事大受影响，一整天都心情低落。

在社交场合中，张超也经常由于说话不过脑子而得罪人。一次朋友聚会时，大家在聊天中提到了一个热门话题。张超未经深思熟虑便发表了自己的观点，且言辞激烈。他的看法引起了其他人的异议，但张超不肯退让，依然固执己见，与人争论不休。最终，聚会的气氛变得非常尴尬，大家怀着不愉快的心情结束了聚会。

人情世故问答

1

瘦高个儿

参加社团活动时，我被社团负责人批评了，心里特别委屈，想跟他大吵一架，我该怎么沟通和自我调节呢？

胖邻居

首先你要忍住脾气，不要和负责人起争执。你可以做几个深呼吸，让自己尽快冷静下来。等心情平复一些后，认真思考负责人的批评是否有道理。如果负责人说得对，那就虚心接受，向负责人表示你会努力改进；如果你觉得负责人说得不对，那就找个合适的时间，以平和的心态和语气跟负责人解释清楚。

2

瘦高个儿

和朋友讨论事情时双方意见不一致，这让我很生气。我想让朋友同意我的观点，我该怎么做？

胖邻居

朋友间意见不一致很正常，一味冲动地去说服对方只会伤了和气。所以，你别急着去说服朋友，先听听朋友的想法，思考一下他为什么会有这样的看法。然后平和地说出自己的观点和理由，征求朋友的意见，而不是逼着朋友接受。如果你们还是达不成一致，就尊重彼此的意见，求同存异。

3

瘦高个儿

我在商场买东西时，和售货员吵起来了，我很生气，想投诉售货员，这样做对吗？

胖邻居

你应该先冷静下来，回想一下争执的过程，判断是不是售货员的问题。如果自己也有不对的地方，就应该主动道歉缓和气氛，解决问题；如果确实是售货员的问题，那就先找商场的管理人员反馈情况，用合理的方式表达自己的不满和诉求，寻求解决方案，尽量不要冲动地去投诉。

4

瘦高个儿：

看到别人插队，我很气愤，想去指责对方，这样做合适吗？

胖邻居：

在面对插队的情况时，每个人都会感到气愤，但冲动地去指责对方并非明智之举。因为冲动行为容易引发冲突，使原本简单的问题复杂化。一旦双方情绪失控，可能会带来麻烦和后果，也不能真正解决问题。最好是情绪冷静地寻求解决方案，比如与插队者沟通，或者请工作人员协助调解。

5

瘦高个儿：

家人做了一个我不赞同的决定，我很生气，可以强行反对吗？

胖邻居：

你应该先耐心地听家人解释做出这个决定的原因，然后再表达自己的担忧和不同意见，但要注意避免使用太过直接的语气和方式。你可以和家人一起讨论，寻找更好的解决方案。

6

瘦高个儿：

我在网上看到一些我不认可的观点，很生气，我可以和网友争论吗？

胖邻居：

不要冲动地去争论，这可能会产生难以预料的后果。你可以先思考一下网友的观点是否有一定的合理性，自己的观点是否也有不足之处。如果觉得有交流的必要，你可以用理性、客观的态度发表自己的看法，而不是情绪化地去争论。

7

瘦高个儿：

开车时被别人蹭了一下车，非常愤怒，我可以追上去和对方理论吗？

胖邻居：

开车时被别人剐蹭，感到愤怒是很正常的反应，但冲动地追上去理论却是极其危险的行为。首先，这样做极易引发交通事故。在愤怒情绪的驱使下，驾驶员可能会忽视交通规则，增加碰撞和追尾的风险。其次，冲动的行为可能会导致双方情绪失控，进而升级更为严重的冲突。最后，从法律角度来看，冲动追车可能会构成违法行为，如危险驾驶、寻衅滋事等，你或许将面临法律的制裁。在面对类似情况时，我们应保持冷静和理智，避免采取过激行为。你可以选择记录、保留证据并报警，用法律来维护自己的权益和安全。

瘦高个儿

8

参加活动时，我的表现没有达到预期，我感到很失落和愤怒，可以立刻离开吗？

胖邻居

冲动离开不仅会让你错失后续可能有的转机或收获，还会给他人留下不负责任的印象。更重要的是，它无法真正解决你内心的失落和愤怒，反而可能让这些情绪持续困扰你。面对这种情况，你可以试着保持冷静，理性分析其中的原因，从中吸取经验教训。同时，你也可以向他人请教，听听他们的意见和建议，这有助于你更全面地认识自己。

瘦高个儿

9

出门的时候遇到了堵车，心里烦得不行，我该怎么办？

胖邻居

首先，你要平复心情，避免因急躁而做出冲动的行为，比如强行变道或闯红灯，这些行为不仅会危及自身安全，还可能引发交通事故。其次，你可以尝试通过深呼吸，让自己放松下来，或者听听舒缓的音乐，转移注意力。同时，你也可以利用堵车的时间处理一下事情，比如回顾工作计划等，让时间得到更有效的利用。堵车是生活中常会发生的突发事件，你要学会接受并适应这种不确定性，保持平和的心态，以更从容的态度面对生活中的各种挑战。

人情世故说一说

冲动既会伤害他人，也会反噬自己。冲动时说出的话往往尖酸刻薄，会严重损害他人的自尊心。尤其是在与陌生人交往时，更应谨言慎行，避免因一时的冲动而伤及他人的自尊。即便在对方情绪激动时，我们也不应冲动行事，而应管理好自己的情绪，寻找缓和的方式，避免火上浇油，防止关系进一步恶化。

那么，在生活中，我们该如何避免冲动呢？

场景一：你在工作中和同事意见产生分歧，应怎么办？

先深呼吸几次，让自己冷静下来。然后你可以这样回复对方："我理解你对这个方案有自己的看法，我也很重视你的意见。咱们都先冷静一下，毕竟咱们的目的都是让这个项目更好地推进。或者可以换个时间，心平气和地重新讨论这个方案，找到更好的解决办法。"

场景二：在一个社交活动中，有人误解了你的话，该怎么办？

在社交场合，冲动地解释可能会让对方更加反感。你可以先稳住局面，等时机合适再解释。这样不仅能更好地化解误解，也能维护良好的人际关系。你可以微笑着说："可能我的话让你产生了误解，咱们先别着急，等活动结束后我再好好给你解释一下。"

场景三：当你和家人因为琐事发生了争吵时，应该怎么做？

你应该强迫自己停下来，不要继续争吵。等大家都平静下来后，再好好沟通，找到一个大家都能接受的解决方案。

人情世故之道

在现实生活中，我们难免会有烦躁、不满或是愤怒的时刻。这时，我们需要咬紧牙关，经受住各种困难和挑战的考验。倘若动不动就情绪失控，缺乏耐心和包容心，不仅难以取得成功，甚至可能让自己陷入困境。

6 适者生存，在困境中改变自己

当环境发生变化时，你会面临三种抉择：一是尝试改变环境，使之符合你的需求；二是什么都不做，面临被社会淘汰的风险；三是尝试让自己适应环境。在现实生活中，要让整个社会环境迁就你一人，显然不容易实现。既然环境无法迎合你，你也不希望自己被社会淘汰，那么你就只能主动适应环境了。

赵良大学毕业之后进了一家传统制造业公司。刚开始，他特别有激情，对未来充满了期待。可慢慢地，赵良发现公司的工作方式和管理方法比较老旧，和他大学时学到的新理念不太一样。他开始对公司的规定和任务安排有了意见。

以上、下班时间为例，公司要求员工必须准时，不能迟到早退。但赵良觉得自己晚上加班工作了，第二天就应该晚点儿来。所以，他好几次都没遵守公司的考勤规定，还觉得公司应该改改制度，按着他的想法来。

在分配项目时，公司都是根据员工的经验和能力来定的。赵良却总是对分给自己的项目不满意，觉得自己应该做点儿更有难度的工作。他不停地找领导沟通，想让领导按他的想法来安排项目，而不是主动去适应公司的分配方式。由于赵良一直没学会适应公司的环境，他在公司里的工作开展得越来越艰难。

人情世故问答

瘦高个儿

1 社区进行了大规模的服务升级，我的工作内容和职责有了很大改变，感到很不适应，该怎么办？

胖邻居

社区工作烦琐，你要学会适应其中的变化，积极主动地调整自己，这样既能展示你的适应力，也能更好地融入新的工作氛围，避免被忽视。面对变化，首先要端正心态，认识到变化是常有的事。你可以主动去熟悉新的工作要求和流程，向同事请教经验，以便尽快适应新的工作状态。

瘦高个儿

2 部门换了一个新领导，他的管理风格和之前的领导风格完全不同，我该如何调整自己？

胖邻居

面对新领导，要懂得适应其风格以顺利开展工作。你应该主动调整自己，以赢得新领导的认可，为自己的职业发展创造良好的条件。你可以多观察新领导的风格和要求，调整自己的工作方式和沟通方法，并在适当的时候向领导表达自己愿意配合的积极态度。

瘦高个儿

3 我的好朋友搬到了一个新的城市生活，他对新的环境很不适应，我该如何帮他调整？

胖邻居

你可以鼓励他积极融入新环境，比如多参加社区活动，结识新朋友，扩展社交圈。同时，你也可以建议他尝试新事物，比如品尝当地美食、参观名胜古迹，这些都能帮助他更好地了解新城市的文化和生活方式。面对困境，提醒他保持乐观的心态，把每一次挑战都看作成长的机会。你可以帮他制订一些小目标，比如学习一门新技能或找到一份满意的工作。最重要的是，要让他相信自己有能力适应新环境，并在这个过程中不断改变自己，成为更加坚韧和独立的人。

4

瘦高个儿

孩子进入了新的学校，不适应新的学习环境和同学关系，作为家长该怎么引导？

胖邻居

你要鼓励孩子主动适应新环境，比如积极参加学校活动，尝试与不同的同学一起玩，以开放的心态接纳新事物。同时，也要教导孩子学会自我调整，比如制订学习计划，培养自主学习能力，以应对新的学习挑战。面对困境，你应该给予孩子足够的支持与鼓励，帮助他们建立自信，勇于面对挑战。你可以引导孩子思考解决问题的方法，培养他们独立思考和解决问题的能力。最重要的是，你要相信孩子有能力适应新环境。坚信通过积极引导，孩子一定能在新的学习环境中找到自己的位置，实现自我超越。

5

瘦高个儿

在社交场合中，我发现自己的沟通方式和其他人不太一样，很难融入大家，该怎么办？

胖邻居

在社交中，沟通方式有千百种，你要学会适应不同人的沟通方式。你可以通过调整自己的沟通方式，让自己更好地建立人际关系。比如通过观察他人的对话状态，适当调整自己的表达方式。

6

瘦高个儿

行业发展变化迅速，我发现自己的专业技能已经跟不上了，该如何提升自己以适应行业需求？

胖邻居

你可以这样做：时刻保持学习的心态，主动关注行业动态，了解最新技术和趋势。也可以通过参加专业培训、研讨会或在线课程等方式，不断更新自己的知识体系。同时，你也要勇于尝试和实践，将所学知识应用于实际工作中，通过实践来检验和提升技能。此外，你还要积极与同行交流心得，从他们的经验中汲取营养，不断完善自己。

瘦高个儿

7 家中发生了重大变故，我的生活节奏被打乱，该如何调整心态呢？

胖邻居

首先，你应该保持冷静与坚强，认识到这是生活的一部分，无法避免。其次，你要更加珍惜与家人之间的情感交流，共同面对困难，互相支持鼓励，增强家庭的凝聚力。同时，你也要学会向外寻求帮助，与亲朋好友分享自己的感受，他们的理解和支持会成为你渡过难关的重要力量。此外，你还要重新规划生活，调整自己的作息和日常安排，以适应新的生活节奏。在这个过程中，要保持耐心和信心，相信自己能够克服困难，迎接更加美好的未来。

瘦高个儿

8 我参加了一个新的兴趣小组，发现自己的水平和其他人有差距，感到很有压力，该怎么办？

胖邻居

你要学会正视差距，不要过分自责或气馁。每个人都有自己的学习进度和擅长领域，差距只是暂时的。你可以与小组中的成员建立良好的关系，寻求他们的指导和帮助。很多时候，他人的经验和建议能让你少走弯路，更快地进步。更重要的是，你要保持积极的心态，相信自己通过不断努力，能够逐渐缩小差距甚至超越他人。适应新环境是一个过程，需要时间和耐心，但只要坚持下去，就一定能有所收获。

9

瘦高个儿

我和新的合作伙伴在合作中发现思维方式有很大差异，该如何协调以适应彼此？

胖邻居

你们应主动沟通，深入了解彼此的合作习惯和期望，寻找共同点和可协调之处。同时也要调整自己的思维方式，灵活适应对方的需求的同时，保持自己的核心优势。在必要时，可以适当妥协和让步，以达成双赢的合作。同时，你也要保持开放的心态，从对方身上学习新的方法和思路，不断提升自己的能力。通过不断沟通和调整，相信你们双方能够找到最适合的合作模式，实现共赢。

人情世故说一说

当一个人面对全新的环境或是加入陌生的群体时，感到迷茫和担忧是正常的，这是一种本能表现。进入新环境后，你应当根据现实情况适时调整自己的期望，适当降低标准与期待，这样做既有助于调整心理落差，也能帮助你更快地融入新环境。与此同时，你还需要全面深入地了解自己所处的新环境，对其有较为完整的认识和把握，这样才能在适应新环境的过程中占据先机。

那么，我们该如何适应新环境呢？

场景一：你被转岗到一个全新的部门，感觉很不适应，该怎么办？

首先你要保持积极的心态，这是一个成长的好机会。你可以主动找新部门的领导和同事沟通，了解部门的工作重点和团队文化，展现你学习的热情和适应能力，这样能让你更好地融入新团队，为自己的职业发展开辟新道路。

场景二：在跨文化交流中，遭遇文化差异，该怎么办？

要尊重并理解彼此的文化差异，不要以自己的文化标准去评判他人。可以通过学习和了解对方的文化背景，找到共通点和兴趣点，从而建立更深入的合作关系。同时，你也可以展示己方的文化特色，促进文化的交流和融合。

场景三：你加入了一个创业团队，工作强度大、节奏快，该如何适应？

加入创业团队要快速适应新的工作模式，发挥自己的潜力，与团队一起成长，这样才能在创业的道路上取得成功。你可以主动承担一些适合你的工作任务，展现自己的价值。

人情世故之道

在人生的旅途中，你会不断经历各种环境，由于无法改变这些环境，你只能让自己去适应它们。一旦想法有所转变，你的态度也会随之改变，习惯自然也会跟着改变，最终引领你的人生走向新的方向。

7 告别斤斤计较，凡事别太过精明

在生活中，我们不要凡事斤斤计较，也不要过于精明。有时候，过于计较只会让自己和他人都感到疲惫不堪。人生短暂，与其在琐事上纠结，不如把精力放在更值得的事情上。放宽心胸，对待人和事都多一些宽容和理解，你会发现生活也变得更加轻松愉快了。

女大学生潇潇迎来了自己的生日，宿舍里弥漫着欢乐的气氛。室友们纷纷送上祝福，室友米粒送给她一本书，说是精心挑选的生日礼物。米粒是贫困生，平日里生活很节俭，潇潇收到礼物非常感动。然而，有室友悄悄告诉潇潇，这本书是米粒从网上用一分钱抢购来的。

消息在宿舍里不胫而走，其他室友也开始吐槽米粒，认为她太过精明，这样的礼物显得不够真诚。

潇潇诚恳地说："咱们送礼物是为了表达心意，不是为了攀比价格。我之前给她送的围巾，也因为我觉得她戴上会很美，而不是因为它值钱。我觉得大家不要为了礼物而斤斤计较了，情谊才是最重要的。"

宿舍里的气氛顿时变得轻松起来，大家都觉得潇潇说得很有道理。

人情世故问答

1

瘦高个儿

在工作中，同事经常让我帮忙做一些小事，我觉得自己吃亏了，心里不舒服，该怎么办？

胖邻居

在工作中，适当帮助同事能营造良好的工作氛围，后续请同事帮忙也更容易成功。过于斤斤计较会让人觉得你小气，影响人际关系。在不影响你的任务进度的前提下，可以把帮忙看作建立良好同事关系的机会。

2

瘦高个儿

每次和朋友小聚，都是我付钱，我心里有点儿不舒服，怎么办？

胖邻居

不要过分精明地计算自己的付出和回报，而是要真诚地对待对方，关注彼此的感受和需求。通过相互理解和支持，共同维系这份关系。如果你觉得小聚的费用太高，可以和朋友商量轮流请客或者采取其他公平的方式。

3

瘦高个儿

因为觉得自己承担的家务太多而和家人产生矛盾，怎么办？

胖邻居

你可以尝试换位思考，理解家人的立场和感受。接着，与家人坦诚沟通，表达自己的感受和想法，但要避免指责和抱怨。你们可以一起商讨家务分工方案，找到更合理的分配方式。在这个过程中，不要过于计较个人的得失，而应从家庭整体和谐的角度出发，多承担一些或做出适当的妥协，共同营造和谐美满的家庭氛围。

4

瘦高个儿

在家庭聚会的筹备中，我觉得自己的付出比其他家庭成员多，但得到的认可却一样，心里感到不平衡，该怎么办？

胖邻居

在家庭事务中，过于突出个人的贡献会影响家庭的和睦。你不应只看重自己的努力，也要认识到家庭聚会的顺利进行是全家人共同参与的结果。学会看到他人的付出，能让自己更好地融入家庭氛围，增进家人之间的感情。

5

瘦高个儿

我和邻居因为一点儿小事发生了争执，该怎么解决？

胖邻居

邻里之间和睦相处很重要，过于计较会让关系变得紧张。你应该先冷静下来，避免情绪化的言语升级矛盾。然后尝试站在邻居的角度理解问题，看看双方是否存在误解。接着，主动寻求和解，你可以邀请邻居坐下来，心平气和地聊聊，表达自己的感受，同时倾听对方的意见，寻找共同点。在沟通过程中，要展现出宽容和大度，不要过于纠结谁对谁错。你可以提出解决方案，比如双方共同承担一些责任，或者各自退一步。

6

瘦高个儿

在购物时，为了几毛钱的差价和商家争论不休，这样做对吗？

胖邻居

这样做既耗费时间和精力，又容易破坏购物的心情，甚至可能影响你与商家的关系。几毛钱对于整体消费来说，影响微乎其微。与其在这上面纠缠，不如把精力放在挑选更合适、性价比更高的商品上。此外，适当的让步和包容，也是展现个人素质和修养的一种方式。

瘦高个儿

7 **参加社交活动时，我觉得自己付出的时间和精力没有得到相应的回报，该怎么办？**

胖邻居

社交的本质是建立联系和增进感情，而非追求即时回报。你要明白，每一次付出都是在积累人脉和资源，可能在未来的某个时刻会产生意想不到的价值。同时，享受社交过程中的乐趣和成长，本身就是一种回报。因此，不要过于在意眼前的得失，放宽心胸，用更宽广的视角看待社交活动。你会发现，付出总会有它独特的意义和价值。

瘦高个儿

8 **在与合作伙伴谈判时，双方总是想为自己争取到最大利益，导致谈判陷入僵局，我该怎么调整策略？**

胖邻居

你要明白，谈判是为了达成合作，而非零和博弈。你可以试着从对方的角度思考问题，寻找双方都能接受的共赢方案。必要的时候，你可以主动做出一些让步，展现你的诚意和合作精神。记住，谈判成功的意义不在于一时的收获，而在于长期的合作和关系建立。

瘦高个儿

9 **我看到别人获得了比自己好的机会，心里嫉妒，该怎么克服这种情绪？**

胖邻居

每个人都有不同的机遇和路径，他人的成功并不代表自己的失败。你应该专注于自己的成长和发展，把注意力放在提升自己的能力，和寻求机会上。尝试从他人的成功中汲取经验和启示，将其作为激励自己前进的动力。同时，你也要保持积极乐观的心态，相信通过自己的努力和付出，未来也会有属于自己的精彩。培养感恩和知足的心态，珍惜眼前所拥有的，不过度羡慕他人。通过转变思维，告别斤斤计较，你将能够克服嫉妒情绪，以更加平和的心态面对生活。

人情世故说一说

“水至清则无鱼，人至察则无徒”，这句古语之所以能够长久流传，是因为它蕴含着劝导人们少些苛刻、多些宽容的正面价值观。那些事事计较的人，往往难以交到真心朋友，也无法获得幸福，因为他们总是用自己的标准去衡量别人。但这并不意味着我们在面对问题和冲突时可以置之不理，或是做个无原则的“好好先生”。最理想的状态是：在工作、生活的人际交往中，我们恰当地为自己定位，对朋友和同事保持适度的宽容，又不过于严厉。

那么在生活中，我们该如何做到不斤斤计较呢?

场景一：你认为自己比团队中其他成员分到的任务多，心里感到不平衡，该怎么办?

首先你要明白，团队合作中任务分配不可能完全平均。你可以先从整体项目出发，思考自己的任务对整个项目的重要性。然后找个合适的时机和团队领导沟通，表达自己的感受，提出一些关于任务均衡分配的建设性建议。以积极的态度沟通，既能解决问题，又能展现自己的团队合作精神。

场景二：你和朋友出去吃饭，说好了平均分摊费用，但是他点了好几道价格高的菜，你有些不高兴，该怎么办?

直接表达你的不满并不是明智之举，这可能会让朋友感到尴尬。相反，你可以在聚餐结束后，在闲聊中以轻松的语气与他沟通，表达你对友情的珍视，并建议下次聚餐时提前商量好预算和菜品，以避免发生类似的误会。

场景三：合作伙伴在共同筹备活动的过程中犯了一个小错误，可能会影响到活动的部分环节，你很生气，可以指责合作伙伴吗？

不可以。任何人都有可能出现差错，对于小错误应当给予宽容和协助。你可以先与合作伙伴共同解决问题，然后委婉地提醒合作伙伴以后工作应更加谨慎。

人情世故之道

在生活中，有很多小事不值得你过分计较。放宽心胸，学会看淡得失，才能让你活得更加自在。与朋友相处时，别太在意谁付出得多、谁付出得少，真诚相待才能收获长久的友谊。在职场上，也不应该总盯着自己的利益，多为团队考虑，才能赢得同事的尊重和信任。总之，告别斤斤计较，用一颗宽容的心去面对生活中的种种，你会发现，世界变得更加美好，你自己的内心也更加平静。

人情世故小问答

1. 在生活中遇到不公平的事情时，你会选择隐忍还是立即反抗？为什么？

____

2. 当你和他人意见不合时，你能做到己所不欲，勿施于人吗？请举例说明。

____

3. 面对一个新的环境或挑战，你是如何运用变通的策略来应对的？

____

4. 在与他人谈判或争论时，你是否尝试过以退为进、适度妥协？结果如何？

____

5. 回忆你最近一次冲动的时候，是如何控制自己的情绪的？如果没有控制好，后果是什么？

____

6. 当你处于困境中时，你是如何改变自己以适应环境的？你遭遇了哪些困难，又有哪些收获呢？

____

7. 你在过去的人际交往中，是否有过于斤斤计较的时候？如果有，你打算如何改进？

____

第四章

职场之礼：和谐关系，如鱼得水

这么晚了，你怎么还没睡？
宁宁，你在做什么？
爸爸，我在做飞机模型。
已经一点了，熬夜对身体不好。明天再做吧。
爸爸，不行。
为什么？
明天是我的同事大飞的生日。
我之前和他闹了点儿矛盾，所以想做一架他喜欢的飞机模型送给他，缓和一下关系。
儿子，你做得对，职场之中，确实要以和为贵。

智慧心语

职场如江湖，和谐的关系会让你如鱼得水。要想“游得欢”，真诚待人很关键。同时，合群也很重要，积极参与团队活动，与大家打成一片，会让大家感受到你的亲切。但别忘了保持社交距离，尊重彼此的个人空间。遇到不如意时，不要抱怨连连，而应用积极的态度去面对。管住自己的嘴巴，少说多做，避免纷争。记住，以和为贵，和谐的氛围能让大家的工作更高效。

1 真诚无敌，职场“必杀技”揭秘

在职场上，待人真诚、尊重他人是必备的职场礼仪。对人真诚，才能收获信任；尊重别人，才能和大家相处得融洽。真诚和尊重就像一对好搭档，缺一不可。真诚，即是以实实在在的态度去看待事物与他人，并以真心去善待每一个人，对人也是真心真意。尊重与真诚，就体现在我们的一言一行中。

小林是公司的新员工，他一心想要获得领导的认可以快速升职。在与同事的相处中，小林总是表面上客客气气，心里却打着自己的小算盘。当同事取得成绩时，他虽然嘴上说着恭喜，内心却充满嫉妒，甚至在背后说同事的坏话。

有一次，同事小张完成了一个重要项目，受到了领导的表扬。小林看到后，心里很不是滋味，在和其他同事聊天时，他故意贬低小张的成果，说小张只是运气好，实际上并没有那么厉害。

在与领导沟通时，小林同样不真诚。他总是迎合领导的意见，不管自己是否真正认同。有一次，领导提出了一个新的方案，小林明明觉得有问题，但为了讨好领导，还是表示赞同。结果，这个方案在实施的过程中出现了很多问题，给公司带来了损失。

随着时间的推移，小林的行为被越来越多的人看穿。同事们都不愿意和他合作，领导也对他失去了信任。

人情世故问答

1

瘦高个儿

工作中，同事向我咨询问题，但我担心教会他后，他会成为我的竞争对手，该如何是好？

分享知识不仅能展现你的专业与胸襟，还能促进团队整体能力的提升。真正的竞争力源自不断地提升自我，而非压制他人。你不妨耐心解答，同时借此机会深化自己的理解。

胖邻居

2

瘦高个儿

领导布置了任务，我感觉难以胜任，但又不愿辜负领导期望，该如何表达？

你应该真诚地向领导陈述自己的实际情况与顾虑，说明当前的能力与任务要求有差距。同时表达自己愿意接受挑战、想要积极学习提升自己的决心，并请求领导给予指导或适当调整任务范围。你在沟通中应强调自己对工作的重视及不愿辜负领导期望的心情，让领导感受到你的真诚与努力。

胖邻居

3

瘦高个儿

在工作中发现了同事的错误，可以直接指出吗？

可以，但直接指出不合适。你可以先肯定同事的工作态度，再委婉地提出自己的观察与想法，给出具体的改进建议。强调你的出发点是希望共同提升工作质量，而非批评指责。真诚地倾听对方的解释与反馈，共同寻找最佳解决方案。这样的沟通方式既能纠正错误，又能维护团队和谐，促进彼此间的信任与尊重。

胖邻居

4

瘦高个儿：我和同事一起合作项目，意见不一致时该怎么办？

胖邻居：首先，你应该保持冷静，认真倾听对方的观点，理解其背后的逻辑和考量。然后，以真诚的态度表达自己的看法，同时尝试站在对方的角度思考，寻找共通之处。在沟通过程中，你要避免指责和攻击他人，而应用建议的方式提出不同意见，并鼓励他和你一起探讨解决方案。你们还可以邀请第三方同事或上级参与讨论，以获得更全面的视角和建议。处理此类问题的关键在于保持开放的心态。真诚的交流和合作，才能推动项目走向成功。

5

瘦高个儿：同事在背后说我坏话，很久以后我知道了，该怎么做？

胖邻居：首先，你先思考这个事情是否值得你去费心费力解决。如果不值得，那就一笑了之。如果有必要，你可以选择一个合适的时机，以真诚的态度与对方进行沟通，询问他对你是否有什么误会或不满，并表达自己的感受，同时表明自己愿意倾听对方的意见，寻求解决之道。不要因一时的不快而影响工作关系。

6

瘦高个儿：我听到同事在背后说我坏话，我该怎么办？

胖邻居：首先，不要让情绪影响你的判断。你可以选择当天双方都不忙的时机，以真诚的态度与这位同事进行沟通，用平和的语气和态度表达你无意间听到了这件事，但你愿意直接倾听他的想法和意见。在沟通过程中，也要展现出你的开放和包容，用真诚去化解他的误会和不满。同时，你也可以借此机会反思自己是否有做得不够好的地方，如果有，不妨大方承认并表达改进的决心。真诚的沟通和态度往往能够化解矛盾，增进彼此的了解。最后，无论结果如何，你都应该保持自己的专业和风度，让事实和时间来证明你的价值。

瘦高个儿

7 在职场中，给同事赠送礼物应该怎样挑选时机呢？

胖邻居

在职场中，赠送礼物要选对时机。比如同事帮了你一个大忙后，你可以送他一份小礼物表达感谢，这既符合人情世故，又能增进你们之间的关系。又比如在同事生日或者特殊纪念日的时候，送上一份贴心的小礼物，也能让同事感受到你的关心和祝福。但要注意的是送他礼物不要过于频繁，以免让人觉得你在刻意讨好。送礼物时的言辞要真诚，表达对他人的尊重和感激之情的同时，注意不要过于谄媚，也不要一言不发。

瘦高个儿

8 我在工作中取得了好成绩，该如何与同事分享？

胖邻居

首先，你要保持谦逊的态度，不要炫耀或夸大其词。你可以邀请同事一起参加庆祝的小聚会，比如一起吃午餐或享受下午茶，营造轻松愉快的氛围。在分享时，要真诚地感谢团队的支持和帮助，强调成绩是大家共同努力的结果。你可以具体举例说明同事们的贡献，让他们感受到被认可和重视。你同时也要表达对未来合作的期待，鼓励大家一起继续努力，共创更多佳绩。真诚的态度能够增进同事间的信任和友谊，让分享成为一次正面的团队建设经历。通过真诚的分享，不仅能够展现你的谦逊和感恩之心，还能激发团队的凝聚力和向心力。

人情世故说一说

在职场中，要想建立起稳固的人脉关系，牢记“真诚”这一原则至关重要。真诚是与同事打交道的基石，唯有如此，你才能成为办公室里备受欢迎的人，为你在职场上的晋升之路开辟无限可能。

那么，在职场中如何做到真诚呢？

场景一：你作为新员工，如何快速融入团队并与大家建立真诚的关系？

作为新员工，你可以在适当的时候给同事们准备一些小礼物。比如在入职一段时间了解了同事们的喜好后，你可以送一些贴心的小物件，像有创意的便笺本、小零食等。送礼物时要真诚表达自己的想法，比如：“初来乍到，很荣幸能加入这个团队，我准备了一点儿小礼物，希望大家喜欢，以后还请大家多多关照。”主动向同事问好和积极参与团队活动也可以帮助你快速融入团队，并展现出你的友好和热情。在工作中，要勤奋努力，不懂就问，展现出你想要学习和进步的态度，对于给予帮助的同事也可以适时用小礼物表达感谢。在分享一些个人趣事的同时，也可以用礼物作为话题的引子，拉近与同事的距离。

场景二：在一个紧张的项目中，大家的压力都很大，容易产生矛盾，如何保证合作正常开展？

遇到问题时及时提出，避免累积误会。学会倾听，尊重每个人的想法，理解彼此的压力。同时，也要尽量保持耐心，不要因为小矛盾影响大局。面对困难，大家要团结一致，共同寻找解决办法。展现团队精神，互相支持鼓励，让每个人都感受到集体的力量。

场景三：同事晋升了，我心里有点儿失落，但仍然想维持良好的关系，该怎么办?

当同事晋升时，你可以精心准备一份礼物来表达祝贺。比如送一本有意义的管理类图书或者一支精致的钢笔，并附上一张贺卡，写上“恭喜你晋升，你的努力和成就大家有目共睹，这份小礼物代表我的祝福，希望你在新的岗位上继续发光发热。我也会以你为榜样，努力提升自己”。

心里失落是正常的，但也要真心祝贺同事，认可他们的努力和成就。同时，通过送礼物这个行动，也能让同事感受到你的真诚和大气。然后，你也要反思自己，查找可以提升的地方。可在与晋升的同事交流时，虚心请教工作的经验和方法。别嫉妒同事的成功，要把同事的晋升当作自己前进的动力。继续与同事保持友好关系，在合适的时候，可以邀请同事一起喝杯咖啡或者吃个便饭，进一步巩固彼此的关系，共同进步。

人情世故之道

在这个讲究团队协作的时代，赢得同事的喜爱不仅能让团队更有凝聚力，提升个人的工作效率，还可以充分展现自己的才能。因此，我们要真诚地对待同事，从小事做起，温暖他们的心，赢得他们的好感。只有这样，你才能在职场上站稳脚跟，逐步成为行业的佼佼者。

2 “合群”一点儿，别做离群的孤雁

个体仿佛大雁，只有融入周围的雁群，才能翱翔至更高、更远的地方。在职场上，这一点尤为明显。为了与同事融洽相处，我们必须善于融入集体。若固执地选择独自飞翔，就难以与同事融洽相处。即便我们拥有超凡的工作能力，也可能因不合群而被孤立。

林闪是个才华横溢的年轻人，毕业后加入了一家大公司。他专业能力出众，思维敏捷，对工作满怀热忱和信心。

然而，林闪却不太懂得如何在职场中“合群”。在公司，同事们午休时常聚在一起聊天、分享美食或热议时事，只有林闪独自坐在工位上，忙于工作或研读专业书籍。他认为这样闲聊是虚度光阴，不如用来提升自己。

工作中，林闪也总是独自行事。同事向他请教时，他虽会提供专业解答，但态度冷淡，给人高傲之感。当他遇到难题时，也不愿向同事求助，总是独自苦思冥想，浪费了不少时间和精力。

渐渐地，同事们觉得林闪难以相处，开始疏远他。在一些关键项目中，大家也不愿与他合作，担心他的孤僻会影响团队氛围和效率。领导也注意到了林闪的问题，认为他虽然工作能力强，但缺乏团队合作精神，不利于公司的整体发展，决定给他调岗。

人情世故问答

1

瘦高个儿：**我刚进入新公司，同事们经常一起去外面吃饭，我不太喜欢这种方式，该怎么办？**

胖邻居：即使你不太喜欢这种方式，也可以尝试先参与几次，以此作为融入团队的一个契机。你可以选择与大家分享自己的饮食偏好，同时提出偶尔想尝试自己带饭或单独点餐的想法。重要的是展现出你愿意融入集体的态度，同时保持开放和尊重他人的选择。

2

瘦高个儿：**同事们在休息时间聊一些娱乐八卦，我觉得很无聊，不想参与，这样对吗？**

胖邻居：如果完全不参与，可能会让你显得有些不合群。你可以尝试适度地加入讨论，展现你的友好和开放态度，这有助于增进同事间的了解和关系。同时，你也可以适时地将话题向你更感兴趣的方向延伸，或者在适当的时候主动提出自己的想法和话题。

3

瘦高个儿：**公司组织户外活动，我不太擅长运动，不想参加，应该怎么拒绝呢？**

胖邻居：首先，不要直接拒绝参加。你可以先了解活动的具体内容，看看是否有适合自己的环节。然后，向组织者委婉地表达你的意愿，并说明自己虽然不太擅长运动，但很愿意参与其中的非运动部分或提供其他帮助。这样既能展现出你的团队精神，又能避免因不参加而显得不合群。同时，这也是一个突破自己舒适区、尝试新事物的好机会。

4

瘦高个儿：同事们邀请我参加下班后的聚会，我想回家休息，怎么拒绝比较好？

胖邻居：拒绝时要给对方留面子，同时表达自己愿意参与的态度，避免给人留下不合群的印象。可以先委婉地拒绝，并表示下次有机会一定参加。

5

瘦高个儿：在工作中，我有自己独特的工作方法，和同事们不太一样，该坚持自己还是从众？

胖邻居：在工作中，拥有独特的工作方法是个人的优势，但完全忽视团队习惯也可能导致不合群。关键在于找到平衡点：首先，保持开放的心态，了解并尊重同事的工作方式；其次，适时分享你的方法，展示其效率和价值；最后，根据实际情况灵活调整，既能体现个人特色，又能融入团队。

6

瘦高个儿：在职场中，为什么要通过送礼来显得合群呢？

胖邻居：在职场里，送礼不是一种刻意的讨好行为，而是一种表达心意和增进关系的方式。当你送一份小礼物给同事或领导时，这传递出你对他们的关注和尊重。大家会觉得你是一个有心人，愿意与他人建立良好的关系，而不是孤傲地独来独往。比如在同事生日时送个小蛋糕或者一张温馨的贺卡，这会让同事感受到你的温暖，也会让你更容易融入团队。

7

瘦高个儿

同事之间经常互相送小礼物，我不想显得太突兀，又不想被落下，该怎么办？

胖邻居

这种情况下，可以观察大家送礼物的频率和类型，然后适时地加入。比如当有同事取得重大成就或者到了特殊纪念日的时候，你可以准备一份和大家差不多价值的礼物，可以是一束鲜花或者一个小巧的桌面摆件。你可以说："大家都这么有心，我也不能落后呀，恭喜你，这份小礼物希望你喜欢。"这样既合群，又不会显得过于刻意。

8

瘦高个儿

我刚进入一个新的工作环境，想通过送礼物的方式快速融入其中，该送什么好呢？

胖邻居

新到一个工作环境，送礼物确实是增进感情的方式之一。要考虑礼物的实用性和普遍性。你可以准备一些小包装的特色茶叶或者精致的笔记本和笔。这样的礼物不会太张扬，又能在日常工作中派上用场。送出礼物的时候也可以说几句表示心意的话，比如送茶叶的时候，你可以说："初来乍到，希望这点小小心意能让大家在忙碌的工作之余稍作放松，以后还请你们多多关照。"这样既表达了你想融入的愿望，又不会给人压力。

9

瘦高个儿

领导对我一直很照顾，我想选个礼物表示感谢，怎么选择比较合适呢？

胖邻居

挑选礼物有合适的"攻略"。送礼前，要确认送的对象，了解其身份以及日常的偏好。其次要综合考虑礼物的仪式感和实用性。可以参考这个逻辑："在 ×× 元范围内符合 ×× 年龄段 ×× 身份的 ×××（礼物的形容词）的 ××（礼物）。"

人情世故说一说

在职场上，如果不合群，就算只想埋头干好自己的工作，你的心情也难免会被影响。刚进入职场的年轻人往往很难意识到这一点，等到发现问题时，自己可能已经被职场边缘化了，不是被排挤，就是被冷落，或是招人厌烦。在某种程度上，合群确实需要一点儿随大溜，但这并不意味着要盲目跟风。也就是说，随大溜也要有个度，不能毫无原则地跟着别人走，否则容易迷失自我。

那么，在职场上，该如何做到合群呢？

场景一：作为新员工，感觉很难融入老员工的圈子，该怎么办呢？

你可以准备一些小礼物，比如定制的带有公司标志或团队口号的小徽章、钥匙扣等，在合适的时机送给老员工，说："初来乍到，很荣幸能加入这个团队。这是我的一点儿心意，希望能和大家一起为团队努力。以后还请各位前辈多多指教。"在工作中你要保持积极开放的态度，主动与老员工交流，展现对他们的友好和尊重。在送礼的同时，你也要多参加团队活动，了解团队文化和氛围，寻找共同话题和兴趣点。在工作中，努力表现自己的能力和价值，同时虚心向他们学习，向老员工请教经验，展现出你的真诚和努力。这样，老员工们会更容易感受到你的诚意，逐渐接纳你。

场景二：在一个项目团队中，大家的意见不一致，该如何促进团队的人员和谐合作？

你可以在项目的关键节点或者讨论陷入僵局的时候，准备一些能缓解紧张气氛的小礼物，比如小巧的减压玩具、美味的小零食等。在组织团队会议时，先把礼物分发给大家，然后说："这段时间大家为项目都很辛苦，咱们在讨论中可能会有不同意见，但咱们的目标是一致的。这是一些小礼物，希望能让大家放松一下心情，我们一起更好地为实现团队目标而努力。”鼓励每个人表达观点，同时倾听和尊重他人的意见也是一种缓和团队紧张氛围的好方法。通过积极沟通，寻求共识，强调团队目标的重要性，让大家明白合作才是实现目标的关键。你可以设立中立的主持人引导讨论，确保每个人的意见都被听到。此外，组织团队建设活动时，你也可以准备一些小礼物作为活动的奖品，增进彼此的了解和信任，营造和谐氛围。

场景三：我担心晋升后会和同事们关系疏远，该怎么维护和同事之间的关系呢？

晋升后，你可以为同事们准备一些有意义的礼物，附上一张写有感谢和鼓励大家的话语的卡片，并主动与同事沟通。在送礼物的时候你还可以和大家分享晋升的心得和经验，让大家感受到你的真诚。你可以说：“很感谢大家一直以来的支持和帮助，我不会忘记我们一起奋斗的日子。这是一些小礼物，希望我们能继续一起进步。”此外，你也要继续积极参与团队活动，关心同事的需求，保持亲和力。同时，在工作中也要展现你的领导力和团队协作能力，带领团队共同进步。

人情世故之道

每个人都有自己的个性，但这并不意味着非得展现出自己的与众不同。在漫长复杂的职业生涯中，若执意在职场上做那只离群的雁，你将举步艰难。因此，身处职场，融入集体至关重要。孤雁虽美，雁群却更为壮观。与同事融洽相处，主动融入集体可以帮助你飞得更高、更远。

3 关系再好，也要保持适当的距离

在职场上，就算你和同事关系再好，也得注意保持一定的距离。因为职场不仅仅是交朋友的地方，更是工作的地方，太过亲近可能会影响工作效率，甚至带来误会和麻烦。保持适当的距离，既能尊重彼此的工作空间，也能避免因为个人情感影响工作判断。这样既能保持和同事之间的良好关系，又能确保工作的顺利进行。

黄浩是个新来的年轻人，满腔热情且心思单纯。他被安排到一个繁忙的办公室，和几位同事共事。

刚开始，黄浩对新环境充满好奇，对同事们也毫无保留。每当有同事在工作，他就会凑过去看，还时不时地发表点看法。有一次，一个同事正在处理重要文件，黄浩见状立马凑近，盯着电脑屏幕问："这是啥呀？好像挺重要的。"他这么突然一靠近，同事被弄得浑身不自在，但又不好说什么，只能尴尬地笑笑："没什么，就是一份普通的文件。"

在日常工作中，黄浩也不懂得保持距离。同事们打电话沟通工作或者和客户交流时，他也不回避，就在旁边听着。有一次，一个同事正和客户进行重要的谈判，黄浩在旁边听到些关键信息，就情不自禁地插话发表意见。同事的脸色立即就变了，客户也对此感到十分不满。

渐渐地，同事们对黄浩越来越不满，觉得他没分寸，不懂得尊重别人的隐私和工作空间。

人情世故问答

瘦高个儿

1 我和一个同事关系特别好，经常一起吃饭、逛街，最近感觉有点儿没有自己的空间了，怎么办？

胖邻居

即使你们的关系再好，也需要各自有自己的空间。你可以适当降低一些一起活动的频率，找个合适的时机跟同事坦诚地说：“最近我想有点儿自己的时间去处理一些事情，咱们这段时间可以稍微减少一起出去的次数。”

瘦高个儿

2 同事总喜欢在我工作的时候过来聊天，我觉得有点儿被打扰，又不好直说，怎么办？

胖邻居

你可以委婉地向他表达当前工作的重要性与紧迫性，比如你可以这样说：“我现在手上有个紧急任务，需要专心处理。”然后提议设定固定的聊天时间：“我们中午休息时再聊这个事吧，我也有很多有趣的事和你分享。”同时，通过肢体语言，示意他你正在忙碌。

瘦高个儿

3 我和同事在工作上有不同的意见，但我们关系好，我不想和他争论，该怎么做？

胖邻居

即使和同事关系再好，面对工作上的不同意见时，也应保持一定的专业距离。你可以先冷静地表达自己的观点，同时强调这只是工作讨论，并非针对个人。鼓励对方也坦诚地提出他的看法，共同寻找最佳的解决方案。在交流过程中，你应避免情绪化的言辞，保持理性思考和尊重他人。如果觉得当面讨论可能会引发争执，你也可以选择邮件或会议等更为正式的沟通方式，以便双方都能更客观地表达意见。关系好并不意味着要完全避免分歧，而应在尊重和理解的基础上，共同推动工作的进展。通过讨论，你们不仅能够找到更好的解决方案，还能增进彼此间的了解和信任，让关系更加稳固。

瘦高个儿

4 我发现一个好相处的同事最近有点儿疏远我，我该怎么做？

胖邻居

与同事应适当保持距离，以维护健康的关系。首先，你应该先反思自己的行为，思考是否自己过于依赖对方而给对方造成了压力。然后，给彼此一些空间，减少频繁接触，让关系自然发展。在工作中，保持专业态度，尊重对方的个人空间。同时，你可以寻找你们的共同兴趣，以轻松、自然的方式互动，避免过度干涉对方的生活。

瘦高个儿

5 和不好相处的同事一起做项目，我要怎么保持适当距离又能完成工作？

胖邻居

与不好相处的同事共事，保持适当的距离是关键。你可以和他明确项目分工，减少不必要的私人交流，专注于工作任务的完成。在沟通时，你应该保持礼貌，避免涉及敏感或私人话题。当双方发生分歧时，以事实和数据为依据，一起冷静讨论解决方案。同时，你也要尊重对方的工作方式，不强加个人意愿给对方。

瘦高个儿

6 同事总借我的东西，我怎么拒绝又不伤感情？

胖邻居

如果同事的频繁借物让你感到烦恼，可委婉表达个人界限。你可以这样说：“我最近也需要用到，可能不太方便总借给你。我们一起看看能否在公司找到备用的，好吗？”同时，你也可以试着表现出理解与关心：“我知道你急需，咱们一起看看有什么其他解决办法。”保持友好态度，但明确表达个人需求，既维护了关系，又设立了合理的界限。

7

瘦高个儿

在职场中，给关系好的同事送礼物时要注意什么呢？

胖邻居

即使和同事关系再好，送礼物也不能过于随意或频繁，要保持适当的距离感，礼物也不宜太过私人化或昂贵。你可以选择一些有创意的办公用品，像造型独特的便笺夹、精致的书签等。送的时候你可以说：“最近看到这个小玩意儿觉得很适合你，你工作的时候也许能用得上。”既表达了你的心意，又不会给对方压力。

8

瘦高个儿

给关系好的同事送礼物时，怎么做才能避免引起其他人的误会呢？

胖邻居

为了避免引起误会，你可以选择在合适的时机单独给他送礼物，不要过于张扬。同时，你也可以偶尔给其他同事送一些小礼物。比如给关系好的同事送礼物时，可以在午休时间或者下班后悄悄给，并说：“这是专门给你的小惊喜，别声张哟。咱们还是要低调点，免得引起麻烦。”这样既维护了你们之间的关系，又不会引起他人的不适。

人情世故说一说

在日常生活中，虽然每个人都需要和别人打交道，但也要保持点距离，好让自己有个小天地。这个小天地，一般情况下是谁也不能随便闯入的，心理学家把这个现象叫作“刺猬效应”。和人相处时，我们要学会利用“刺猬效应”，保持适当的距离。这样会让我们心里更踏实、安全。

那么在职场中，我们该如何跟同事保持适当的距离呢？

场景一：你和关系好的同事在办公室打闹，影响到了其他同事，怎么办？

你可以给受到影响的同事准备一些小礼物，比如一盒糖果或者一包咖啡来表达歉意。对关系好的同事，你可以送一个有趣的桌面摆件，同时附上一张纸条，写上：“以后我们在办公室还是得注意点，别太闹腾啦。这个小摆件送给你，让我们一起在工作中更专注吧”。私下里你们俩可以继续友好相处，但在工作环境中，还是要展现出专业和专注的态度。你也要尝试与其他同事建立更多互动，平衡好个人关系与团队氛围。同时，注意控制音量，避免打扰到他人工作。

场景二：在一个项目中，有好相处的同事，也有不好相处的同事，我应该怎么平衡与他们的距离？

对于好相处的同事，你可以在项目进展顺利的时候送一些小零食或者小纪念品，表达感谢和继续合作的期望。但要避免过于依赖，保持一定的独立性。对于不好相处的同事，你可以在一些合适的场合，比如项目会议后，送一本与工作相关的实用手册或者一个简洁的笔记本给他，说：“希望这个对你工作有帮助，让我们一起为项目努力吧。”保持礼貌且专业的态度，尊重对方的工作方式，减少冲突。在团队中，既要维护个人关系，也要顾全大局，保持客观中立，以项目目标为导向，灵活调整与每位同事的交往方式，确保项目顺利进行才是最重要的。

场景三：晋升后，你和以前关系好的同事要如何保持适当距离？

晋升后，你可以给以前关系好的同事送一些有意义的礼物，比如一本他感兴趣的书，同时在书上写下一些鼓励和感谢的话。在工作中，也要避免过度涉及私人话题，展现出领导者的风范与专业素养。同时，你也要继续关心和支持他们，但在决策和沟通上保持一定的正式性。你可以定期组织团队建设活动，增进团队凝聚力，但在日常工作中，要明确界限，确保公平与公正。

人情世故之道

每个人都有自我保护意识，当他人想要过度靠近自己的私人领域时，你会感觉被打扰。对于陌生人或同事都应保持一定距离，不能因为是同事就觉得可以完全没有界限。正因为同事之间关系已经比较亲近，才更需要一个自由空间；正因为同事之间已经很熟悉，距离已经很近，才更要保持恰当的距离。

4 拒绝怨天尤人，少一些抱怨和牢骚

生活中，我们总会遇到不如意的事情，但一味抱怨和发牢骚并不能解决问题，反而会让心情变得更糟。与其整天埋怨这埋怨那，不如积极面对，想办法去解决。少些抱怨，多些行动，你会发现生活其实没那么难。保持乐观的心态，未来才会更好。

张林在一家规模不大的公司任职，他的业务能力尚算不错，但有个很大的问题——他总爱发牢骚。

有一次，公司接到了一个关键项目，全员都在加班。张林负责的部分遇到了技术瓶颈，进度缓慢。他非但没有积极地寻找解决办法，反而在办公室里不停地发牢骚："这个项目也太难了吧，要求那么高，时间还那么紧，怎么可能完成得了！"他的抱怨让周围的同事都感到十分烦躁，但大家都忙于手头的工作，没空儿搭理他。

在项目推进过程中，有位同事提出了一个新颖的解决方案，大家都觉得有实施的可能。但张林却满脸不屑地说："哼，他那方法能行才怪，我看就是瞎捣乱。"同事听到后脸色瞬间变得很难看，但也没和他计较。

在日常工作中，张林还时常在背后说其他同事的坏话，说这个同事工作态度有问题，又说那个同事是靠关系上位。慢慢地，同事们都开始疏远他，不愿意和他合作。

人情世故问答

1

瘦高个儿：**在工作中，领导给我安排了一个很艰巨的任务，我感觉压力很大，忍不住想抱怨，怎么办？**

胖邻居：抱怨只会让自己更消极，也会给领导和同事留下不好的印象。你可以先深呼吸几次，调整心态。你可以这样想：这是一个挑战，也是一个机会，领导把任务交给我，就是对我的信任。然后把注意力放在如何完成任务上，而不是一味抱怨任务艰巨。

2

瘦高个儿：**同事在工作中出现失误牵连到了我，我想发牢骚，合适吗？**

胖邻居：虽然你的心里可能会有些不舒服，但发牢骚并不是明智之举。这样不仅无益于解决问题，还可能加剧矛盾，影响团队氛围。相反，你应该保持冷静，尝试与同事沟通，共同寻找解决方案。展现出你的专业素养和团队精神，用积极的方式去应对困境。

3

瘦高个儿：**看到别人升职加薪，自己却没有，我心里感到不平衡，忍不住抱怨，应该怎么调整？**

胖邻居：首先你应该让自己冷静下来。每个人的职业发展路径不同，时机也不尽相同。你应该将注意力转移到自我提升上，专注于自己的长处与短处，制订明确的职业规划和学习计划。减少抱怨牢骚，转而以积极的心态去寻求反馈，了解自己在哪些方面还有提升的空间。与同事交流时，你应该多分享正面的经验和见解，展现自己的价值和态度。同时，培养感恩的心态，感谢现有的工作机会和团队支持，相信每一分努力都不会白费。多将注意力放在可以控制的因素上，如提升自己的技能和工作效率，以实际行动来争取未来的升职加薪机会。通过减少抱怨，积极行动，你不仅能够更好地面对当前的挑战，还能为未来的职业发展打下坚实的基础。

4

瘦高个儿：**可以抱怨公司一些让我觉得很不方便的规章制度吗？**

胖邻居：明智的做法是，主动去了解规章制度的制定背景和目的，看是否有合理的解释。若确实存在不合理之处，你可以尝试通过正规渠道提出建设性意见，而不是单纯抱怨。同时，也要思考如何在现有规则下找到最佳解决方案，既能够遵守规定，又可以高效地完成工作。

5

瘦高个儿：**我的工作环境不好，影响我的心情，想抱怨，怎么办？**

胖邻居：你可以试着调整自己的心态，将注意力放在工作本身，专注于提升个人能力和效率。若环境确实存在须改进之处，不妨通过合适的途径向上级反映，提出改善建议，而不是一味抱怨。同时，也要尝试寻找工作中的乐趣，与同事建立良好的关系，共同营造积极的工作氛围。

6

瘦高个儿：**当和同事合作不愉快时，可以抱怨同事吗？**

胖邻居：当你与同事合作不愉快时，直接抱怨同事可能并不是明智之举。因为抱怨往往会加剧负面情绪，影响工作效率和团队氛围。此外，直接指责同事可能引发不必要的冲突，损害人际关系。好的做法是先让自己冷静下来，反思自己在合作中的表现，看看是否有改进的空间。同时，尝试以积极、建设性的方式与同事沟通，表达你的感受和想法，共同寻找解决问题的方法。如果问题依然无法解决，你可以考虑向上级或人力资源部的同事寻求帮助，让中立的第三方来介入调解。减少抱怨牢骚，以积极、理性的态度面对合作中的不愉快，不仅有助于解决问题，还能维护良好的人际关系，为未来的合作打下良好的基础。

瘦高个儿

7

我的工作任务总是很烦琐，很无聊，我忍不住想抱怨，怎么克服？

胖邻居

你可以试着转换视角，将任务视为挑战，而非负担，从中寻找学习和提升的机会。比如设定小目标，一步步完成，享受达成目标的成就感。若感到乏味，你也可以与同事交流，探讨创新的工作方法，增加趣味性。同时，保持积极的心态，相信每一分努力都会有所收获。

瘦高个儿

8

如果你作为领导，觉得团队近期的抱怨声音太多，想激励大家，该怎么做呢？

胖邻居

你可以给团队成员每人送一个定制的保温杯，上面印上鼓励的话语和团队标志。在发放礼物的时候对大家说："大家最近辛苦了，但抱怨不能解决问题。希望这个保温杯能在你们忙碌的时候给你们带来温暖，让我们一起积极面对挑战，少一些抱怨，多一些努力。"

人情世故说一说

人们碰到困难时，往往会不自觉地抱怨命运不公。一个总是怨天尤人的人，其实内心很脆弱，承受能力很差，他们总会为自己的失误找理由，来求得一点儿心理上的安慰，这样的人很难取得大成就。抱怨就像是挡在你进步路上的大石头，它会限制你的思维。也许就在你抱怨的那一刻，机会已经无声无息地从你身边溜走了。

那么，我们应该如何做到拒绝抱怨呢？

场景一：大家忙于一个重要项目，压力很大，有人开始抱怨，影响了团队氛围，你该怎么办？

你可以准备一些缓解压力的小礼物，比如香熏蜡烛、按摩球等，分发给团队成员。同时，你也可以主动发起积极的讨论，在发放礼物时说："大家最近为项目付出很多，压力确实大，但抱怨解决不了问题。这是一些小礼物，希望能帮大家放松一下。让我们一起聚焦解决问题，相互支持，共同面对挑战。"你还可以分享个人的解压方法和成功案例，鼓励团队成员相互支持，共同面对挑战。同时，适时向上级反馈团队压力，寻求资源和支持。

场景二：你不适应新公司的环境，满腹抱怨，该怎么调整自己？

你可以给自己买一个有激励话语的小摆件放在办公桌上，时刻提醒自己拒绝抱怨。也可以在和新同事熟悉后，送一些小零食给大家，表示友好的同时也鼓励自己积极融入。面对新环境，抱怨只会让你更加沮丧。你应该试着主动融入，多与新同事交流，了解公司文化和规章制度，给自己设定适应期的小目标，一步步融入新环境。同时，保持积极乐观的心态，相信困难只是暂时的。你也可以利用业余时间学习新技能，提升自己的适应能力。记住，不要抱怨，用行动去改变现状，你会发现自己越来越适应新公司，工作也会变得更加得心应手。

场景三：和领导意见不合，你觉得领导不理解自己，想抱怨，怎么办？

你可以在冷静沟通后，送领导一个小礼物表达自己想要积极解决问题的态度，并附上一张纸条："领导，感谢您的指导和交流，希望我们以后能更好地沟通合作。"与领导意见不合时，抱怨无济于事，反而可能加剧误解。你可以尝试冷静沟通，清晰表达自己的观点，同时倾听领导的想法。如果仍无法达成共识，可以寻求第三方的意见或建议，如同事或人力资源部门。记住，要尊重他人，避免情绪化。

人情世故之道

有些人总在办公室里不停抱怨，见人就诉苦，这种总怪罪外界的行为对职业发展很不利。在同事看来，抱怨会让人反感；对于上司来说，抱怨更让人头疼，因为它会破坏办公室的氛围。这样的员工不仅自己工作效率不高，还会拖累别人。所以，要少抱怨，多做实事。

5 管好自己的嘴巴，三思而后说

在生活中，直言不讳可能没什么大问题。但在职场上，就可能惹上大麻烦，让你陷入孤立无援的境地。所以，管好嘴巴很重要，要知道什么时候开口，说什么话合适，还要尽量把话说得有用。

小张是一个刚入职不久的年轻人，虽然他充满热情，却不懂职场说话的技巧，经常口无遮拦。有一次，同事小李在工作中犯了一个小错误，小张看到后马上大声说："你怎么这么不小心啊！这么简单的事情都能做错。"小李听了感到非常尴尬和生气，从此与小张之间产生了隔阂。

还有一次，公司组织团建活动，大家都在轻松愉快地聊天。小张却在谈论公司的一些政策时直言不讳地说："我觉得公司的这个规定太不合理了，根本没有考虑到我们员工的实际情况。"这话被旁边的领导听到了，领导对小张的印象大打折扣。

随着时间的推移，小张发现自己在职场中越来越难以开展工作，领导也不再重视他。他开始反思自己的行为，这才意识到自己没有管好自己的嘴，不懂得"三思而后说"的道理，让自己陷入了困境。

人情世故问答

瘦高个儿

1 我不认同同事的工作方式，可以直接说出来吗？

胖邻居

直接表达不满可能会引发冲突，影响团队和谐。你可以先尝试理解同事的立场和理由，再委婉地提出自己的看法。同时，也要反思自己的工作方式是否也有待改进。

瘦高个儿

2 同事问我对另一个同事的看法，我该怎么回答？

胖邻居

首先，你应该保持客观中立，不轻易发表负面评价，以免引发纷争。你可以简单提及对方的一些正面特质，如工作努力、态度积极等。如果确实对另一位同事有看法，可以委婉表达，避免直接批评，同时强调这只是个人印象，并非绝对事实，并表达与对方共同解决问题的意愿。其次，你也要警惕同事可能是在试探你的态度或立场，不要轻易露出自己的底牌。总之，在回答这类问题时，要谨慎思考，以免给自己和他人带来麻烦。保持中立和开放的态度，有助于维护良好的职场关系。

瘦高个儿

3 我在工作中取得了小成就，很想和同事分享，怎么做比较好？

胖邻居

在工作中取得小成就时，虽想与同事分享喜悦，但需三思而后说。首先，你应该选择恰当的时机和场合，避免打扰他人工作或引起不必要的比较。其次，表达时应保持谦逊，强调团队合作的重要性，而非个人独揽功劳。最后，你可以考虑以积极的方式营造团队氛围，如提出庆祝一下或分享学习心得，既能增进同事间感情，又能激励大家共同进步。

4

瘦高个儿：听到同事在抱怨领导，我该参与吗？

胖邻居：不要参与。参与抱怨可能会让你卷入纷争，甚至可能影响你的职业形象以及与领导的关系。面对这种情况，你应该保持冷静和客观，不要轻易表达自己的观点，以免加剧矛盾。如果同事向你倾诉，你可以倾听，但不必附和或发表过多评论。你可以简单地表达理解，但要强调保持积极的工作态度的重要性。如果你确实对领导有意见或建议，可以选择适当的时机和方式，与领导直接沟通，而不是在私下里抱怨。

5

瘦高个儿：在职场中，有时会不小心说错话，我要怎么弥补？

胖邻居：你可以送一份精致的道歉卡片，附上一些小点心或者小绿植。送的时候真诚地说："之前我说话可能没太经过思考，给大家带来了不好的影响，这是我的一点儿歉意，希望大家能原谅我的无心之失。"

6

瘦高个儿：在职场中，我想让同事们更加注意说话的分寸，应该怎么做呢？

胖邻居：你可以准备一套精美的书签，每个书签上印着不同的关于谨言的名言警句。送给大家的时候说："大家在工作中交流很多，希望这些书签能时刻提醒我们说话要三思，注意分寸。这份小礼物代表我的心意，让我们一起营造更好的工作氛围吧。"

7

瘦高个儿：我总是管不住嘴，说一些不合适的话，要怎么警醒自己呢？

胖邻居：你可以给自己买一个桌面摆件，比如一个提醒自己闭嘴的小雕塑。或者送自己一个印有“谨言慎行”字样的鼠标垫，用于提醒自己更加谨慎地说话。

瘦高个儿

8

团队里因为有人说话不恰当产生了一些小矛盾，我要怎么缓和气氛呢？

胖邻居

你可以准备一些和解的小礼物，比如一盒巧克力，分发给团队成员。同时附上一张纸条：“最近大家可能因为表达方式不对有些小摩擦，希望我们都能更加注意说话的方式，珍惜我们的团队。这盒巧克力是小小的和解礼物，让我们一起向前看。”

人情世故说一说

在人际交往中，我们时常会遇到各种情境。有时候，一句话说得不当，就可能引发误会或冲突。因此，学会在开口之前先思考显得尤为重要。

“三思而后说”意味着在说话之前，要先想清楚自己要说的话是否合适，是否会对他人造成伤害，是否有助于解决问题。这不仅仅是一种礼貌和修养，更是一种智慧和策略。

在职场上尤其需要这种能力。比如，面对同事的八卦，如果我们不加思考地参与讨论，可能会卷入纷争，甚至影响自己的职业发展。如果能够管住自己的嘴巴，先思考再发言，就能避免很多麻烦。

那么，我们该如何践行“三思而后说”呢？

场景一：在讨论一个项目方案时，你认为自己的方案比同事的好，怎么办？

你可以在讨论后，给同事送一个小巧的创意文具，比如一支设计独特的笔，并附上一张纸条："这次讨论很有收获，我们的方案都有亮点。这个小礼物送给你，希望我们以后在讨论中能更加理性客观，共同为项目找到最佳方案。"产生争论时，你应该先冷静下来，不要急于争辩。你可以这样说："我觉得我们的观点都有一定的道理，我们可以再深入地分析一下各自方案的优缺点，看看能不能找到一个更好融合的方案。"

场景二：你因为工作出色得到了老板的奖励，担心引起别人嫉妒，该怎么说？

你可以准备一些小零食或者小礼品分享给同事们，同时表达自己的感受："非常感谢老板的奖励，我很幸运能在这个团队里。这份成绩离不开大家的支持和帮助，这是一些小零食，我们一起分享这份喜悦。以后我们继续一起努力，共同进步。"首先表达感激之情，对老板的认可表示诚挚谢意。接着强调团队合作的重要性，指出成果的取得离不开团队的共同努力。最后提议团队小庆祝，既分享喜悦，又增进团队凝聚力。

场景三：你在休息时间被同事拉着闲聊，该聊些什么？

你们可以聊聊最近的热门电影、电视剧或综艺节目，分享彼此的喜好和观感。或者谈谈即将到来的假期计划，如旅行目的地、休闲活动等，营造轻松愉快的氛围。另外，也可以交流行业动态，分享新知识或技能，既能拓宽视野，又能促进个人成长。如果在闲聊后觉得氛围很愉快，可以在下次带一些小礼物，比如有趣的手机挂件等，送给一起闲聊的同事。

人情世故之道

在办公室这个小小的社会圈子里，讲话一定要有分寸。有时候，一句不经大脑就脱口而出的话，可能会像一把锋利的刀，无意中伤害到你自己或者同事。古人曾说“三思而后行”，意思是说，在做事之前要反复思考，这样才能避免出错。同样的道理，在办公室中讲话也要“三思而后说”。在开口之前，先想一想你的话是否合适，是否会对他人造成不良影响。

6 以和为贵，冤家宜解不宜结

如果和同事之间产生了不愉快或者误会，不妨主动为对方提供一个和解的机会，以此来消除你们之间的不愉快。这样做能防止这些负面情绪逐渐累积，最终演变成仇恨。毕竟大家都是同事，共同为公司效力，只要矛盾没有发展到无法调和的地步，就可以通过沟通和理解来解决。

小陈是公司的一名老员工，虽然业务能力很强，但性格非常固执。

有一次，公司安排小陈和另一位同事小李共同负责一个重要项目。在项目讨论过程中，小陈和小李在项目的关键环节安排上产生了分歧。小李提出了一个比较稳妥的方案，但小陈却坚持，认为自己的方案才是最佳选择。两人争论得面红耳赤，谁也不肯让步。

小陈不仅在会议上强硬地坚持自己的观点，还在私下里对其他同事抱怨小李的方案不可行。小李得知后非常生气，觉得小陈不尊重他的意见。两人的关系变得紧张起来。

在项目推进过程中，由于两人的矛盾没有解决，项目推进变得非常缓慢。他们互相不配合，甚至故意给对方制造麻烦。项目进度受到了严重影响，领导也对他们的表现非常不满。

随着时间的推移，小陈发现自己在公司里越来越被孤立。其他同事也因为他的固执和不和谐的行为而对他敬而远之。

人情世故问答

1

瘦高个儿：在职场中和同事有了矛盾，我该怎么化解呢？

胖邻居：你可以送一份有寓意的小礼物，比如一个象征和平的白鸽摆件，并对同事真诚地说："之前我们可能有些小摩擦，请你不要放在心上，这份小礼物代表我的歉意，让我们以和为贵，共同努力。"

2

瘦高个儿：团队中两个同事一直关系紧张，该怎么帮助他们化解矛盾呢？

胖邻居：你可以准备两份相同的小礼物，分别送给他们，并对他们说："大家都是一个团队的，希望你们能放下过去的不愉快，一起为团队努力。这对书签送给你们，愿你们都能以和为贵。"

3

瘦高个儿：我和同事因为竞争同一个晋升机会而产生矛盾，该怎么修复关系呢？

胖邻居：你可以准备一个有激励意义的礼物并附上一张纸条："之前我们因为晋升有了些矛盾，现在想想，我们都在为成为更好的自己而努力。这个小雕塑送给你，希望我们以后共同进步，以和为贵。"

4

瘦高个儿：团队中有两个部门之间一直存在隔阂，我该怎么促进两个部门的和谐呢？

胖邻居：你可以准备一些有团队合作寓意的礼物分别送给他们，比如定制的拼图，每个部门一份。并对他们说："咱们都是一个大团队的

不同部分，只有共同努力才能完成这幅拼图。希望咱们以后以和为贵，携手合作。”

瘦高个儿

5 我发现同事在背后说我的坏话，很生气，要去质问他吗？

胖邻居

直接质问可能会加剧矛盾，不妨先反思自己是否有做得不够好的地方，然后找个合适的时机，以平和的态度与对方沟通，询问是否有什么误会。倾听对方的意见，并寻求解决之道。

瘦高个儿

6 同事总是让我帮忙买早餐，却从来不给钱，我该怎么办？

胖邻居

你可以在私下里以轻松友好的方式提醒对方，表示自己虽然不介意偶尔帮忙，但长期下去也有负担。然后提出一个合理的解决方案，比如建议对方自己点餐或者轮流负责代买。沟通时应保持耐心和理解，避免指责对方，要强调大家都是同事，应该互相尊重和理解。

瘦高个儿

7 我和同事一起完成一个项目，功劳却被同事独占，我很委屈，怎么办？

胖邻居

你应该先冷静分析，确认事实，然后找个合适的时机，以平和的语气与同事沟通，表达自己的感受和看法，同时肯定对方在项目中的贡献。接着提出希望在团队中能够公平地认可每个人的努力，共同分享成果。若沟通无果，你可以向上级反映情况，寻求公正评价。

瘦高个儿

8

同事造谣说我的失误导致了项目失败，我该怎么反击？

胖邻居

你可以找个合适时间，心平气和地找同事聊聊，问问他为什么这么说。你可以解释自己在项目中的努力和付出，让他知道真相。聊天时，不能带情绪，更不要吵架。如果同事不听，可以找领导或人力资源部的同事帮忙，让他们了解真实情况。同时，保持自信，做好自己的工作，用实际行动证明自己的实力。记住，以和为贵，别因为小事影响了工作心情和团队氛围。用宽容和智慧去解决问题，你会赢得更多的尊重和信任。

人情世故说一说

在职场上，和谐共处至关重要，“以和为贵”这句话讲的就是这个道理。遇到矛盾和分歧，不要急于争吵，毕竟冤家宜解不宜结。要多沟通、多理解，及时解决问题，别让小事儿积累成大矛盾。我们要学会用宽广的心胸去包容，用积极的态度去面对，这样才能在职场上走得更稳、更远。

那么，在职场中如何做到以和为贵呢？

场景一：你和上司发生了冲突，想离职又担心对未来有影响，该怎么办？

你可以准备一份小礼物，比如一套茶具或一盒茶叶送给上司。同时附上一张纸条，写着：“领导，之前我们有了冲突，我经过冷静思考，认识到了自己的问题。这是一份小礼物，希望我们能有机会再次沟通，以和为贵，共同为团队努力。”发生争吵时，你应该先冷静一段时间，分析冲突的原因和影响。如果矛盾不是不可调和，你可以尝试找上司再次沟通，表达自己的想法和改进的决心。如果确实无法解决，你可以考虑离职，但在离职前不要冲动行事，以免给自己的职业发展带来负面影响。

场景二：你和同事有过激烈的竞争，离职前有些犹豫要不要和解，该怎么做？

你可以给曾经的竞争对手准备一份小礼物，比如一个有纪念意义的小摆件或者一本有启发性的书。送的时候对他说："我马上要离开公司了，回想我们之前的竞争，其实都是为了把工作做好。这是一份小礼物，希望我们以后都能更好，以和为贵。"主动找曾经的竞争对手沟通，表达和解的意愿，能帮你减少敌人，增加朋友，为自己的未来发展建立更好的人际关系。

场景三：你在新公司遇到了以前有过矛盾的老同事，感觉很尴尬，该如何处理？

你可以在合适的时候给老同事送一个小礼物，比如一杯咖啡或者一个小点心。主动打个招呼，说："没想到在这里遇到你，以前的事就让它过去吧。这是一点儿心意，希望我们以后能以和为贵，一起把工作做好。"主动展现你的友好和诚意。如果对方也愿意和解，那你们可以一起聊聊，化解之前的误会。即使对方态度冷淡，也无须介怀，保持礼貌和专业，做好自己的工作就行。毕竟，职场上做好工作才是大家共同的目标，把精力放在工作上，用实力说话，相信时间会淡化一切，你们也能成为好同事。

人情世故之道

精通职场人际交往之道的人，会秉持“以和为贵”的原则，为他人预留回旋的余地，从而保持良好的个人形象，避免给人留下“小人”的印象。他们懂得和善待人的重要性，即使有什么不愉快，也会逐渐消散。当然，这里所说的“和”，并不意味着无原则地退让，当遇到无法容忍之事或正义公理无法彰显之时，还是要勇敢地表达愤怒，否则便是不辨善恶、不明是非。

人情世故小问答

1. 回忆你最近的一次交流，你觉得自己在说话的分寸感方面做得怎么样？请举例说明。

____

____

2. 分享一次你巧妙赞美别人的经历，以及对方的反应。

____

____

3. 讲述一次你接受他人批评或者批评他人的经历，你从中学到了什么？

____

____

4. 说一说你认为最幽默且有分寸的一句话或者一个场景。

____

____

5. 如果你和他人在工作中发生了争执，你会怎么办？

____

____

6. 举例说明在什么情况下你会选择迂回委婉地说话，以及这样做有什么好处。

____

____

第五章

人情往来之礼：投其所好，讲究礼数

下礼拜我爷爷过生日。
你想好送什么礼物了吗？
我这不是在为这件事发愁嘛！去年我千挑万选的礼物，爷爷一点儿都不喜欢！
……
那你肯定是没挑到老人家心坎上！
送礼这事，还是要讲究投其所好！
那你们帮我出出主意，看看今年我送什么。
这就要看你爷爷喜欢什么了。

智慧心语

中国人历来讲究“礼尚往来”，“礼”在日常生活中占据着举足轻重的地位。为了与人建立良好的关系，我们必须具备一定的社交智慧。如何恰当地“选礼”，是人际交往中一门深奥且难以驾驭的学问，它没有既定的规范或条例可循，全凭个人的摸索与领悟。那些精通选礼之道的人往往能够广结人脉，广受欢迎，生活中也因此多了一份顺遂与和谐。

1 投其所好，人情往来要有针对性

每个人的口味不同，有人喜欢萝卜，有人喜欢白菜。如果以对待喜爱白菜之人的方式与偏爱萝卜的人交往，就很难建立起和谐的人际关系。要么你会感到厌烦或疲惫，要么对方会有同样的感觉，时间一长，就可能让彼此的关系出现裂痕。

小张和小刘在同一家公司工作，小张能力出众，最近刚升职为经理。小刘想要送他一份礼物以表祝贺。他思来想去，决定送一幅昂贵的油画。因为他觉得这幅油画很有艺术价值，肯定能让小张喜欢。

当小刘将油画送给小张时，小张虽然礼貌地表示感谢，但看起来并不怎么热情。原来，小张平时对艺术画作毫无兴趣，他更注重一些实用的东西，比如一支好用的钢笔或者一个舒适的办公靠垫。

小刘走后，小张将油画放在一旁。后来，小刘得知小张的反应，也觉得十分尴尬，他意识到自己在送礼这件事上没有充分考虑对方的喜好，不仅没达到预期的效果，反而令人失望。小刘原本想借此增进与小张的关系，却没想到弄巧成拙了。

人情世故问答

瘦高个儿

1 我想给新认识的朋友送个礼物，不知道送什么好，怎么办？

胖邻居

你可以在交往中留意朋友的兴趣爱好，或者向共同的朋友打听，尽量选择实用性强的礼物，如保温杯、书签或健身小器材，这样的礼物既贴心又不会被闲置。如果还不确定，一些经典的小礼物如巧克力、精美的笔记本或花卉也是不错的选择，既不过于张扬，又能表达心意。

瘦高个儿

2 同事马上要过生日了，我和他不太熟，怎么选礼物？

胖邻居

你可以多留意他在社交媒体上的动态，或者他和你聊天时提到的喜好，比如他喜欢的运动、音乐或电影等。这些都可以成为你挑选礼物的灵感来源。你也可以选择一些通用性强的礼物，比如一本畅销书、一个实用的办公用品等。这样的礼物既不会显得太过亲密，又能表达你的祝福和关心。如果实在拿不定主意，你可以选择一张精美的贺卡，写上你真诚的祝福。一张用心书写的贺卡，往往能传达出比物质礼物更真挚的情感。

瘦高个儿

3 领导升职了，我想送个礼物表示祝贺，怎么挑选礼物呢？

胖邻居

你可以考虑送一份档次高且寓意好的礼物，如精致的钢笔或有象征意义的摆件。但要注意尺度，不能过于贵重。要投其所好，又符合场合。

4

瘦高个儿

同事升职了，挑选什么样的礼物能表达对他的祝贺且具有良好寓意呢？

胖邻居

你可以选择这些礼物：

1. 定制酒品：在酒瓶上刻上升职者的姓名或暖心祝福，独特且有纪念价值。

2. 高档办公用品：如高级的记事本、高档钢笔或无线充电器等，实用又能展示专业形象。

3. 茶叶或咖啡礼盒：知名产地的茶叶或多种风味的咖啡包，可以为繁忙的工作带来一丝宁静与放松。

4. 健康养生品：如颈椎按摩仪、护腰靠垫或高档保温杯，关心升职者的健康，非常实用。

5. 精美摆件：如寓意事业腾飞的字画、设计独特的雕塑摆件或水晶工艺品，美化办公环境，增添雅致氛围。

5

瘦高个儿

我平日里给长辈准备礼物，怎么才能做到投其所好？

胖邻居

你可以先从侧面打听长辈的兴趣爱好，比如他们是否喜欢阅读、园艺、书法或旅行等，然后据此选择相应的礼物。如果长辈喜欢养生，你可以送一些保健品或养生用品。如果长辈喜欢文化活动，你可以送一本好书或戏票。礼物的包装和一张写有祝福的卡片也很重要，能体现你的心意。

6

瘦高个儿

长辈过生日，什么样的礼物能体现出我的尊敬和祝福？

胖邻居

你可以选择一些有传统文化元素的礼物，比如精美的茶具套装或书法卷轴，既雅致又能让长辈感受到传统文化的韵味。健康类的礼物也很合适，比如按摩椅、血压计或保健品，能让长辈感受到你对他们身体健康的关心。根据长辈的爱好来选也不错，如果他们喜欢园艺，那就送些园艺工具或种子；喜欢下棋，就挑副好棋盘。别忘了附上一张手写的贺卡，写上你的生日祝福和对长辈的感激之情，这样更能打动人心。送礼物时多想想长辈的喜好和需求，就能送出既贴心又有意义的礼物。

7

瘦高个儿：**我想给一位喜欢书法的长辈挑选礼物，该怎么选择呢？**

胖邻居：你可以考虑送他一套精美的书法用品，如高档毛笔、砚台或宣纸，既实用又能满足他的兴趣爱好。或者挑选一本他未曾拥有但一直向往的书法名家作品集，让他既能欣赏到书法之美，又能感受到你的用心。如果条件允许，还可以找一幅他的书法作品装裱起来，这样的礼物既独特又具有纪念意义。

8

瘦高个儿：**我想给年轻人挑选礼物，怎样做到既有创意又实用呢？**

胖邻居：你可以关注他们的兴趣爱好和日常生活，比如，一款智能手环，既能监测健康数据，又具有时尚感；或者一个有创意的充电宝，外观独特且可以解决手机电量不足的烦恼。也可以送一些DIY手工制品，如定制的音乐盒、手绘的马克杯等，这样的礼物既独一无二又充满心意。

9

瘦高个儿：**朋友喜欢运动，为他挑选怎样的礼物合适呢？**

胖邻居：你可以挑选一款高质量的运动耳机，让他在锻炼时享受音乐的同时还能保持专注；或是一款专业的运动水壶，帮助他在运动中随时补充水分；或是一套适合他喜欢的运动项目的专业装备，如跑步鞋、瑜伽垫等，体现你的细心与关心。此外，智能手环或手表也是个不错的选择，能记录运动数据，激励他持续进步。当然，如果你了解他特别喜欢的运动明星或团队，相关的纪念品也会让他备感惊喜。

10

瘦高个儿：**我的朋友喜欢摄影，挑选什么样的礼物能让他开心呢？**

胖邻居：你可以送他一款高品质的相机包，既实用又能保护他心爱的设备。或者挑选一款创意十足的摄影配件，如外置闪光灯、三脚架等，让他在拍摄时更加得心应手。如果他一直想要某个著名摄影师的作品集，送他一本这样的图书也会让他惊喜不已。

11

瘦高个儿：**我的同事最近工作压力大，怎样能帮他放松呢？**

胖邻居：你可以送他一些有助于放松和舒缓心情的礼物，比如一个香薰机搭配一些助眠的精油，让他在忙碌之余享受片刻的宁静。或者挑选一款舒适的按摩枕，帮助他缓解肩颈疲劳。一本有趣的解压图书或一本治愈系的漫画，也能让他在闲暇时放松心情，开怀一笑。

12

瘦高个儿：**朋友正在创业期间，选择什么样的礼物能激励他呢？**

胖邻居：你可以送他一本励志图书，书中蕴含的智慧和力量能激励他勇往直前。或者挑选一款精美的创业摆件，如寓意马到成功的马雕像，既美观又富含深意，能给予他积极的心理暗示。定制一份专属的创业日历也不错，可以记录重要日程，提醒他珍惜时间。

也可以送一套高品质的办公用品，如定制笔记本、高档钢笔，既实用又能展现对他的支持和鼓励。

13

瘦高个儿

给恋人挑选礼物，我要怎样选择有浪漫寓意的礼物呢？

你可以考虑送鲜花，如红玫瑰代表热烈的爱情，百合寓意百年好合。也可以选首饰，如情侣对戒、项链，象征心心相印、永不分离。或者定制礼物，如将两人的合照制作成相册、定制情侣T恤，这些礼物都充满爱意。还可以送代表永恒爱情的钻石或寓意为时间见证的钟表。此外，亲手制作的礼物，如手工相册、手绘明信片，更能展现你的心意和浪漫。

胖邻居

14

瘦高个儿

送礼物时发现对方已经有类似的东西了，怎么办？

你可以换一个不同但与之相关的礼物，或者也可以问问对方最近有没有什么想要的，这样能及时调整选择礼物的范围，送得更贴心。

胖邻居

15

瘦高个儿

我想给客户挑选礼物，怎么才能既专业又投其所好？

要给客户挑选礼物，首先要摸清客户的兴趣和需要。比如，客户要是爱读书，送书就很合适；客户要是喜欢运动，送运动用品也很好。此外，礼物要既实用又有档次，如高档文具、茶叶或者红酒都不错。此外，也别忘了附上一张写满祝福和感谢的小卡片，这样能更好地表达你的尊重和谢意。总之，送礼不仅要按照客户的喜好，体现品质，还要把心意传达到位，这样才能既得体又贴心。

胖邻居

16

瘦高个儿：**我想挑选礼物给喜欢旅行的人，该怎么选择呢？**

胖邻居：你可以选择一些旅行必备的实用物品，如便携式充电宝、全球通用插头转换器、轻便的旅行背包等，这些都能让他们的旅途更加便捷。也可以挑选一些具有纪念意义的旅行纪念品，如精美的世界地图装饰画、定制的旅行相册等。既能装饰空间，又能勾起美好的旅行回忆。

17

瘦高个儿：**我要给孩子挑选礼物，有哪些要注意的呢？**

胖邻居：给孩子的礼物要兼顾趣味性和教育意义。比较合适的选择有：

1. 积木和拼图：能锻炼孩子的动手能力和思维逻辑，特别是乐高积木和主题拼图，让孩子在玩乐中学习空间结构和培养耐心。
2. 科学实验套装：包含各种实验器材和说明书，让孩子通过动手做实验，探究科学奥秘，培养探索精神。
3. 绘画和音乐套装：绘画套装包含画笔、颜料等，音乐套装则有各种小乐器，可以激发孩子的创造力和艺术天赋。
4. 童书和绘本：选择适合孩子年龄段的图书，如童话故事、科普知识等，充实孩子的知识库，拓宽视野。

18

瘦高个儿：**怎么才能挑选到合适的礼物？**

胖邻居：从以下几个方面入手，你或许能挑选到合适的礼物：

1. 了解需求：先了解收礼人的喜好、需求，确保礼物既实用又能让对方满意。
2. 比较价格：可以在多个电商平台或实体店比较同类产品的价格，选择性价比高的购买。

3. 注重品质：价格实惠不一定性价比高，还要关注产品的品质，确保耐用且安全。

4. 避免浪费：不要为了追求价格高而购买不实用的礼物，避免造成浪费。

5. 选择经典：经典款式或品牌的礼物往往更经得起时间的考验，性价比更高。

瘦高个儿

19 挑选礼物时如何避免选到对方忌讳的礼物？

在送礼物之前，你应该多了解一下对方的情况，避免礼物冒犯对方。比如在有些文化中，某些颜色或物品是忌讳的，要注意避开，这体现出对他人的尊重。

胖邻居

瘦高个儿

20 我要给外国客户准备礼物，要注意哪些文化差异呢？

首先你应该了解对方文化中的禁忌，不同国家有不同的送礼禁忌，如有些国家忌讳送钟表、刀具或手帕等，务必提前了解并避免触犯。其次是要突出纪念意义，涉外交往中讲究“礼轻情意重”，选择有纪念意义的礼物更能体现心意，而不应过分追求贵重。最好能体现中国特色，因为具有中国特色的礼物往往受到外国客户的喜爱，如茶叶、丝巾、文房用品等，既独特又富有文化内涵。最后，不可忽视的一点是，礼物的包装也很重要，精美的包装既能体现送礼者的用心，也能体现对对方的尊重。

胖邻居

瘦高个儿

21 对方不太喜欢我挑选的礼物，怎么办？

你可以找个合适的时机，轻松地询问对方对礼物的看法，了解不喜欢的原因。这样做既显得你关心对方的感受，也为接下来的行

胖邻居

动提供了方向。如果对方提到了更喜欢的物品，你可以记在心里，下次送礼时可以投其所好。如果条件允许，你也可以考虑用对方喜欢的礼物来替换这次的礼物，并附上一张小卡片，表达你的歉意和想要让对方开心的心意。虽然送礼物最重要的是心意，但了解对方的喜好也同样重要。当发现礼物不太对送礼对象胃口时，及时调整，能够让每一次送礼都能传递温暖和喜悦。

瘦高个儿

22 外出归来给同事们带礼物合适吗？

胖邻居

在一般情况下，如果礼物恰当得体，且是出于真诚的感谢或分享之心，这完全可以被视为一种职场礼仪，有助于增进彼此间的关系。然而，在送礼时，你必须注意，礼物不宜过于贵重，以免给他人带来不必要的压力，或者让同事产生误解。

瘦高个儿

23 给同事赠送礼物应该注意什么？

胖邻居

1. 了解喜好：送礼前要了解同事的喜好和需求，避免送出不实用或让人反感的礼物。

2. 注意价格：礼物不宜过于贵重，以免给对方带来压力或使对方误会你的意图。

3. 保持低调：送礼时尽量低调，避免在公开场合炫耀，以免给同事带来不适。

4. 寓意美好：礼物最好寓意美好，能表达对同事的祝福和尊重。

5. 挑选时机：选择适当的时机送礼，如同事生日、节日或特殊纪念日，这样更能体现你的心意。

24

瘦高个儿

如何在预算有限的情况下投其所好地为他人挑选礼物？

胖邻居

你需要多观察、多了解对方的兴趣和喜好。比如，如果对方喜欢阅读，你可以送一本他感兴趣的图书；如果对方喜欢音乐，一张他最爱的乐队专辑也是不错的选择。亲手制作礼物也是一个既经济又能表达心意的好方法，一幅手绘的画作、一个手工编织的小物件，都能让对方感受到你的用心。如果确实不清楚对方喜欢什么，你也可以选择一些实用性强、性价比高的小礼物，比如一份美味的零食礼包、一个便携的保温杯等。这些礼物既不会显得太过奢华，又能满足日常所需，让对方感受到你的关心。

25

瘦高个儿

我的朋友喜欢烹饪，但她家厨房空间小，我送她什么礼物合适呢？

胖邻居

你可以送她一套壁挂式的厨具收纳架，既节省空间又方便整理。切丝器、削皮器等提高烹饪效率的厨房小工具也是个不错的选择。你也可以送她一本小巧的烹饪口袋书，方便她随时查阅菜谱。送礼物时，你可以和她分享一些烹饪小技巧，让朋友感受到你的用心和对她爱好的支持。

26

瘦高个儿

我的朋友喜欢运动，选择什么礼物能帮他降低运动风险呢？

胖邻居

你可以送他一套护具，如护膝、护腕等，帮助他降低运动受伤的风险。或者送一个运动急救包，里面配备一些常用的药品和急救用品。也可以送一本关于运动防护的图书，增加朋友的自我保护意识。还可以送一个运动按摩球，帮助朋友在运动后放松肌肉。

27

瘦高个儿

我的朋友喜欢读书，但是他视力不好，怎样选择合适的礼物呢？

胖邻居

你可以考虑选择一台电子阅读器，它的电子墨水屏对眼睛很友好，能减少眼睛疲劳，并且可以调节字体大小，方便阅读。你也可以送一盏护眼台灯，它能提供均匀柔和的光线，无频闪，在阅读时能够有效保护眼睛，为朋友创造一个舒适的阅读环境。送一些有声读物的会员服务也是不错的选择，这样朋友可以通过听书的方式享受书籍内容，减轻用眼压力。

28

瘦高个儿

我的朋友喜欢收集明信片，我要怎么为他挑选有创意的礼物呢？

胖邻居

你可以送他一套定制的明信片，上面印着朋友的照片或者你们之间的回忆。或者你可以送他一个漂亮的明信片展示架，方便展示和收藏。你也可以送他一本关于明信片历史和文化的图书，丰富朋友的知识。你还可以送一些特色邮票，让朋友可以用在明信片上。

29

瘦高个儿

我的朋友喜欢制作手工，选择什么样的礼物能激发他的创意？

胖邻居

你可以准备一套高品质的彩色黏土，如超轻黏土套装，包含丰富色彩与多样工具，能让他随心塑造各种形象，开启创意雕塑之旅。创意木工套件也是不错的选择，有不同形状的木块与小工具，可拼接、打磨，制作独特的木制小物件。再如，多功能手工编织套装，配有各种毛线与编织针，可以用来编织围巾、玩偶或是精致的小饰品。这些都是可以激发创意的礼物，能让朋友尽情释放无限创意。

30

瘦高个儿：我的朋友喜欢收集硬币，我送他什么礼物比较有意义？

胖邻居：你可以送一个硬币收藏册，方便他整理和展示硬币。或者送一些珍稀的硬币，丰富朋友的收藏。你也可以送一个硬币鉴定工具，帮助朋友鉴别硬币的真伪和价值。还可以送一本关于硬币收藏的书。

人情世故说一说

每个人的爱好都不一样，所以在挑选礼物时要根据实际情况。在自己的能力范围内好好琢磨一番，这样才能挑选对礼物，真正显示出你的礼貌和对对方的尊重。合适的礼物，其实就是看准情况，在不违背原则的情况下，尽量满足对方的喜好。要让对方喜欢，就要送人家需要，但又没有的。礼物选得好，效果可能会超乎想象。还需要记住的是，好的礼物不一定是贵的，只要多动脑筋，也许就能找到既实惠又能表达心意的礼物。

那么，该怎么送礼才能做到投其所好呢？

场景一：你刚到新公司，想和新同事快速热络起来，该怎么办？

你可以先观察新同事的工作风格和一些小细节，并礼貌对待同事。如果看到同事经常喝咖啡，你可以准备一个精致的咖啡杯送给他；如果同事桌上有绿植，你可以准备一小盆特别的多肉植物送给他并就此展开话题，通过兴趣爱好拉近距离。这样能帮助你快速融入新集体，展现自己的礼貌和善意。

场景二：有个很久没见面的朋友要过生日了，你不了解他现在的喜好，怎么送礼物？

你可以回忆以前你们一起相处的时光，寻找共同的爱好或者回忆作为礼物的线索。同时，也可通过询问你们共同的朋友了解他的近况。

场景三：你要给一个比自己年长很多和一个比自己年轻很多的人同时送礼，怎么选择礼物才能让大家都满意？

对于年长的人，你可以考虑送实用且有品质的礼物，比如保暖的围巾、养生的茶叶等；对于年轻人，你可以送时尚的小饰品、热门的书籍或电子产品配件等。根据不同年龄段的人的特点和需求送礼物，才能体现自己的周到和对不同人群的尊重。

人情世故之道

挑选礼物应符合收礼人的喜好，对方若是不喜欢，那礼物选得就没什么意义。想让礼物符合对方心意，得多花心思在挑选上，比如多留意对方的生活习惯，了解对方的喜好和品位，根据不同情况来选择，这样才能选到合适的礼物。切记，千万不能送对方反感或忌讳的东西。

2 识别场合，不同场合挑选不同的礼物

选择礼物其实是一门大学问。不同的场合，需要挑选不同的礼物，这样才能显得贴心。比如，正式商务场合，送高档的、有品位的礼物，能显示出你的尊重和重视；若是朋友聚会，送小巧精致的礼物，大家玩着开心，气氛也更融洽。挑选礼物的关键是要了解对方喜欢什么、需要什么，再结合场合来选择。礼物送出的时机也同样关键，如果在收礼人正在讲话或做事时强行打断去送礼，那么不仅让对方尴尬，也会让其他人对你产生不好的印象。

李萌在处理人际关系时不够周到，常常一片好心却办成了坏事。

有一次，公司里一位同事过生日，大家商量着下班后一起去为这位同事庆生。李萌很想送上一份礼物，表达自己的祝福。但她没考虑场合，直接从网上订了个超大的毛绒玩具。当大家在餐厅给寿星送礼物时，李萌满心欢喜地拿出了她的礼物。但这个硕大的毛绒玩具在餐厅里显得格外突兀，不仅占地方，还让其他人感到有些不自在。同事虽然礼貌地接过了礼物，但脸上的表情略显尴尬。

不久后，李萌的朋友升职了，李萌给朋友买了一件十分时尚的衣服，直接在朋友的办公室就打开展示了起来。然而，办公室是个比较正式的场合，这样的礼物显得有些不合时宜。朋友也觉得有些难堪。

人情世故问答

1

瘦高个儿：我去参加朋友的生日聚会，选择什么样的礼物比较合适？

胖邻居：如果你的朋友是个电影迷，你可以送他一张经典电影的蓝光碟片或电影周边产品，如印有电影图案的杯子、海报等。如果你朋友热爱阅读，一本他心仪已久的图书或一个精美的书签也是不错的选择。一些有趣的桌游、卡牌游戏产品也很适合在朋友聚会时作为礼物，能增添欢乐的氛围。如果你了解了朋友的生活习惯，一些实用的生活用品，如香薰蜡烛、精致的加湿器等也是不错的选择。当然，一个精美的生日蛋糕作为礼物也会非常受欢迎，大家可以一起分享这份甜蜜。

2

瘦高个儿：多年不见的老同学要聚会，我该准备什么样的礼物？

胖邻居：你可以考虑选择一些有纪念意义且能唤起共同回忆的物品，比如收集大家学生时代的照片并制作而成的定制回忆相册；或者选择校园纪念品，如带有母校标志的文化衫、文具等，既实用又能勾起回忆。此外，你也可以选择一些有品位的小礼物，如手工巧克力、精美茶叶，既体现了你的心意，又适合大家一同分享。

3

瘦高个儿：我想给一直关照我的同事送个礼物表示感谢，在办公室送合适吗？

胖邻居：如果礼物是实用价值不高但有象征意义的，如贺卡、徽章等可以在办公室送；如果是比较私人的或实用的礼品，最好私下送，避免引起误解。

4

瘦高个儿

想给一群人中的一个人单独送礼物，我该怎么做比较好？

胖邻居

你可以在聚会或活动间隙，找个合适的时机单独赠送，这样既避免了尴尬，又能让对方感受到你的用心。再附上一张手写的祝福卡片，简短表达你的心意和祝福，会使礼物更加温馨和有意义。记得保持低调，不要让其他人感到被忽视，确保整个氛围和谐愉快。

5

瘦高个儿

参加领导的生日会，准备什么样的礼物才既不张扬又能表达心意呢？

胖邻居

你可以选择送一幅雅致的字画，如寓意吉祥的山水画或花鸟画，既彰显文化品位，又不张扬，还能给领导带来愉悦的艺术享受。或者挑选一款高档的茶叶礼盒，品质优良且包装精美，适合领导日常品茗，也体现了对领导健康的关心。

6

瘦高个儿

我想给朋友送一个有特殊纪念意义的礼物，公开场合送好还是私下送好？

胖邻居

私下送可能会更好。私下送礼物，能让你们有更多的时间单独相处，你可以详细解释礼物的意义，以及为什么选择这份礼物，让这份心意得到充分的传达。同时，这也避免了在公开场合送礼物可能带来的尴尬，比如朋友可能因为各种原因，无法立即展现出对礼物的喜爱。此外，私下送礼物还能给对方一个惊喜，让他在自己舒适的环境中感受到你的用心。

7

瘦高个儿：给爱人送礼物，在公开场合送合适吗？

胖邻居：在公开场合给爱人送礼物，是表达爱意的一种方式。你可以选择一些特殊且意义重大的场合，如对方的生日派对、两人共同的朋友聚会，或者是情人节、结婚纪念日等庆祝活动。在这些场合，送礼不仅能展现你的爱意，还能让对方感受到被重视和珍视。

8

瘦高个儿：送亲戚礼物，在什么场合送比较恰当？

胖邻居：春节、中秋节等传统节日，是送礼物的好时机。这些节日喜庆氛围浓厚，送礼物既能表达心意，又能增添节日的喜庆。你也可以在亲戚生日时送上精心挑选的礼物，让他们感受到你的关心和祝福。当亲戚们聚在一起时，也是送礼物的好机会。在这样的场合下，送上礼物能表达你的祝福，还能够增加互动和欢乐。

9

瘦高个儿：想对老师的辛勤付出表示感谢，要怎么做呢？

胖邻居：你可以在课间休息或课后，找一个老师相对空闲的时刻，将亲手制作的礼物送到老师手中，并附上几句真挚的感谢语。如果担心打扰老师，可以请班长或课代表代为转交，并提前告知他们礼物的意义和想要表达的心意。如果学校举办教师节庆祝活动，你也可以在活动现场找到老师，将礼物送给他们。这样既能表达感激之情，又能让老师在众人面前感受到尊重。

10

瘦高个儿

如果给异地客户准备了答谢礼物，在什么时候送合适？

胖邻居

你可以选在重要节日前夕，如中秋节、春节等，此时送礼物一般都会选择快递邮寄，最好错峰提前几天送出，避开快递投递高峰期。另外，在客户生日时送上祝福和礼物，既体现心意又能加深关系。礼物送出的时间还可以选择客户公司成立周年纪念日或者合作成功后的某日。

11

瘦高个儿

我想给远方的亲戚寄去礼物表达思念，什么时间告诉对方比较好？

胖邻居

在礼物寄出之前，你应该先与亲戚沟通，了解他们近期的时间安排和喜好，确保礼物能在合适的时间送达。春节、中秋节等传统节日是表达思念的好时机，礼物能随着节日的喜庆氛围一同送达，让亲戚感受到你的心意。记住亲戚的生日，并在这一天送上礼物，能让他们感受到你的关心。要特别注意亲戚所在地的生活节奏和日常习惯，避免在不恰当的时间送出礼物，给他们增添烦恼。

12

瘦高个儿

我给朋友准备了礼物，可以当面送吗？

胖邻居

可以。当面送礼物能让朋友立即看到并感受到你的心意，他们的反应和表情能给你直接的反馈，让你知道礼物是否受欢迎。当面送礼还能增加你们之间的互动和交流，让彼此的感情更加深厚。你可以直接解释礼物的意义，分享挑选礼物的心路历程，让这份礼物更加特别。而通过邮寄或其他方式送礼，可能会因为包装、物流等问题造成不便。当面送礼物则能避免这些问题，确保礼物完好无损地送到朋友手中。

13

瘦高个儿：参加婚礼时，选择什么样的礼物能展现我对新人的祝福呢？

胖邻居：你可以选择寓意美好的床上用品四件套，挑选喜庆的颜色和图案，祝愿新人婚姻美满、幸福甜蜜。或者挑选一款精致的家居装饰品，如花瓶、挂画，能为新人的爱巢增添温馨氛围。定制一份新人专属的纪念品也很有意义，如将他们的名字或婚礼日期刻在饰品上，体现独一无二的爱。

14

瘦高个儿：朋友家孩子满月，挑选什么样的礼物能代表我对宝宝的祝福呢？

胖邻居：你可以挑选一个纯银长命锁或手镯，这些传统饰品寓意吉祥，有祝愿宝宝长命百岁、健康平安之意。挑选优质的婴儿衣物、尿不湿等实用品也是个不错的选择，既贴心又实用。还可以送婴儿玩具，如安抚玩偶、摇铃等，能陪伴宝宝快乐成长。

15

瘦高个儿：朋友乔迁新居，送什么样的礼物既实用又有好的寓意呢？

胖邻居：你可以送绿植盆栽，如发财树、吊兰等，既美化环境又能净化空气，还寓意生机勃勃、财源广进。送家居装饰品也不错，如装饰画、花瓶、台灯等，能增添居室氛围，提升新居格调。实用型的礼物也是个很好的选择，如智能家电、高品质厨具、餐具套装等，可以提升生活便利性。还可以考虑定制的礼品，如定制的玩偶、定制的酒杯等，这样的礼物既独特又能表达心意。

16

瘦高个儿

我的朋友刚生了宝宝，送什么礼物能表达我的祝福呢？

胖邻居

你可以挑选一套婴儿纯棉衣物，柔软舒适又实用。或者选择一个高质量的婴儿睡袋，让宝宝能安稳睡觉。你也可以选择一款可爱的婴儿玩具，如摇铃套装，既能吸引宝宝注意力，又安全。你还可以送一本精美的宝宝成长相册，方便记录宝宝的成长瞬间。在送礼物时，你可以附上一张温馨的贺卡，表达对新生命的祝福和对朋友的关心。在朋友人生的重要时刻，你给予的真诚祝福和支持，能加深彼此的友谊。

17

瘦高个儿

亲戚家孩子考上了大学，我送什么礼物合适？

胖邻居

你可以送一台笔记本电脑，方便孩子在大学期间学习、查阅资料、完成作业以及参与线上课程等，助力其学业进步。或者你可以送一个高品质的行李箱，为孩子的出行做准备。你也可以送一套经典图书，鼓励孩子在大学继续充实自己。

18

瘦高个儿

我的朋友要结婚了，选择什么礼物能表达祝福？

胖邻居

你可以选择一对精美的情侣杯，寓意“一辈子”。或者送一套床上用品四件套，为新人的婚后生活增添温馨。你也可以送一个定制的水晶摆件，刻上新人的名字和结婚日期，非常有纪念意义。

19 亲戚退休了，我送什么礼物合适？

瘦高个儿

胖邻居

你可以送一套舒适的运动装备，鼓励亲戚在退休后多锻炼身体。或者送一本养生图书，帮助亲戚更好地关注健康。也可以送一套精美的茶具，让亲戚在闲暇时光可以品茶放松。还可以送一幅字画，为亲戚的退休生活增添艺术气息。

20 朋友创业初期资金紧张，我送什么礼物能帮到他？

瘦高个儿

胖邻居

在朋友创业初期资金紧张的情况下，一些实用且能助力业务的礼物是不错的选择。你可以送办公软件的会员，像文档编辑、项目管理类软件会员，帮助他更高效地处理工作事务。你也可以送一套精美的商务笔记本和优质的中性笔，方便他记录灵感、规划业务和记录重要信息。送一些有针对性的线上课程也不错，比如营销课程或者商业管理课程，让他从中学习知识，获取更多的商业创意，为创业之路增添助力。

人情世故说一说

送礼时，细节至关重要，直接关系到礼物的效果和心意传达。首先，送礼要及时，应把握恰当的时机，如对方生日、节日或特殊纪念日，千万不要错过最佳时机再去弥补，以免让对方感到不被重视。其次，送礼最好当面送，亲自将礼物送到对方手中可以直观地表达你的诚意和感激之情，托人转交则显得不够真诚和尊重。注意这些细节，能让礼物更加贴心、得体，更好地传达你的心意和关心。

不同场合与情境下，挑选礼物的方式各不相同，选择哪种礼物、什么时间送以及怎样送，常常让人们感到为难。如果礼物和场合不匹配，哪怕送上的是最贵重的礼物，往往也难以达到预期效果。

那么，该怎么按不同的场合、时机来送礼呢？

场景一：公司团建活动，你给关系比较好的同事准备什么礼物合适？

在公司团建活动中，不太适合给单个同事送礼物，容易让其他人感觉被忽视。如果是为了活跃气氛，你可以准备一些小零食或者小纪念品分享给大家。

场景二：去长辈家拜访，你应该送什么礼物合适呢？

去长辈家拜访时，你可以选择的礼物有很多，关键是要体现对他的尊重和关心。你可以考虑送一些实用的家居用品，比如智能电饭煲、血压计或者按摩仪等，这些礼物既实用，又能体现你的细心。如果长辈有喝茶的习惯，你也可以送一些品质好的茶叶或茶具，投其所好。当然，一些营养品如燕窝、阿胶糕等也是不错的选择，有助于长辈的身体健康。

场景三：你给客户准备的节日礼物，在什么场合送出比较合适呢？

给客户准备节日礼物，最好在商务交流或宴请的私人场合送出，这样既不会让客户感到突兀，又能体现你的诚意。至于礼物的选择，可以考虑定制的礼品，如高档办公用品（定制钢笔、高档笔记本等），或者茶具、按摩椅等实用的礼物。此外，根据客户的喜好和品位，选择符合其气质的礼物也是个不错的选择。关键是要了解客户的需求，投其所好。

场景四：同事帮了你一个大忙，你想准备一份礼物对他表示感谢，怎么挑选，什么时候送比较合适呢？

你可以根据对方的兴趣爱好选择，如果他喜欢阅读就送本好书，热爱运动就送件运动装备。最好选择在近期私下赠送，避免引起其他同事的猜疑。如果不方便当面送，也可以选择快递，并附上一张表达感谢的卡片，这样更显真诚。

场景五：为了维护和客户的关系，你给客户准备了礼物，什么时机送出比较好呢？

首先，你应该先深入了解客户需求和喜好，挑选一份个性化且品质优良的礼物。其次，选择适当的时机，如客户生日、重要节日或合作成功之时，私下送礼以表心意。最后，确保礼物包装精美，体现尊重和用心。

场景六：你旅游回来，给同事们带了礼物，什么时机送比较好呢？

你可以选择在上班时私下给同事们送礼物，并跟同事说："我出去旅游了一趟，给大家带了点儿当地特产，味道很不错，大家尝尝。"这样既能让同事们感受到你的心意，也增加了团队的凝聚力。

人情世故之道

送礼需要根据场合而变，场合不同，礼物也要有所不同。比如拜访长辈时，你可以选择营养补给品、按摩器具，既实用又尽显关心；朋友生日派对，你可以挑选趣味玩具或独特饰品，让气氛更加欢乐。总而言之，要根据场合精心挑选礼物，不可随意为之，这样既能展现我们的心意，又不会令人感到不适。礼物选对了，能增进情谊；反之，则可能损害关系或产生隔阂。

此外，送出礼物的时机也十分重要，不能使收礼人感到突兀，要自然，易于对方接受。礼物送出没有固定时间可言，而是要根据场合、收礼人的状态等灵活调整。如在会见或会谈时，一般会在告别之际赠送礼物；在拜访、赴宴、道喜、道贺时，大多会在双方见面之初相赠。

3 还礼智慧，礼尚往来的人情世故

礼尚往来是人之常情，收了别人的礼物，自然也要还礼。还礼也是一门大学问，蕴含着很多智慧。你要根据对方的喜好准备回礼；还要注意回礼的价值不能让对方有压力。同时，还礼时机也很重要，可以让对方更好地感受到你的心意。所以，还礼要用心，这样才能让彼此的感情更加深厚，交往更加愉快。

张涛收到了同事王磊送的精美手账，心里非常高兴，就想赶紧找个机会还礼。他在网上挑来挑去，最后决定给王磊送一个保温杯，还打算开个玩笑，说保温杯里泡枸杞，养生又实用。

礼物准备好后，张涛兴冲冲地拿到办公室，没想到一眼就看到王磊的桌上已经摆了五六个保温杯，大小不一，颜色各异。张涛愣住了，心里想：他已经有这么多保温杯了，我还送保温杯，岂不是太没新意了？

王磊看到张涛手里的保温杯，笑了起来："哟，张涛，你也送我保温杯啊？看来咱们真是想到一块去了！"张涛尴尬地笑了笑，灵机一动，说："那我这个就当备用吧，或者咱们以后可以一起泡茶喝！"

两人相视而笑，张涛的尴尬瞬间化解。自此以后，他们经常一起用保温杯泡茶，分享工作中的趣事，关系也更加亲近了。

人情世故问答

1

瘦高个儿：我刚收到朋友送的一份精致的手工艺品，什么时候还礼比较合适呢？

胖邻居：选择恰当的还礼时机，能更好地维护友谊。你可以留意有没有恰当的机会，比如当你发现了一个适合朋友的手工艺品时，或者朋友升职时。也可以选择在下次登门拜访时还礼。

2

瘦高个儿：别人送了我一本很有价值的书，我该怎么还礼呢？

胖邻居：还礼时可以根据对方的兴趣爱好来选择合适的礼物。如果对方喜欢阅读，你可以挑选一本对方可能感兴趣的图书作为回礼，或者送一张精美的书店购书卡，让对方自由选择。如果对方对书籍不太感兴趣，你可以考虑送一份与其爱好相关的礼物，比如喜欢音乐就送一张他喜欢的乐队专辑。记得附上一张感谢卡，表达你对朋友所送的礼物的珍视和感激之情。

3

瘦高个儿：我收到一份比较贵重的礼物，担心还礼价格不对等，怎么办？

胖邻居：你可以先私下了解礼物的大致价值，但不必刻意追求等价回礼，重要的是心意。你可以选对方喜爱且有意义的东西，不必过分昂贵。同时，附上一封真挚的感谢信，表达你对礼物的珍视与感激之情。如果实在不确定，你也可以与对方沟通，了解其喜好，或直接询问其对回礼的期望，避免尴尬。

4 我收到了长辈送来的礼物，在准备还礼时应该注意什么呢？

瘦高个儿

你可以选健康用品，如按摩仪、足浴盆、电动牙刷等，体现对长辈健康的关心。或者也可以选择营养品，如燕窝、阿胶等，有助于滋补身体，但需注意长辈体质是否适宜。此外，生活用品也是不错的选择，如羽绒枕、保暖内衣等，可以提高长辈的生活质量。对于一些比较有艺术品位的长辈，你可以选择一些文化礼品，如精美字画，彰显品位，美化家居环境。

胖邻居

5 我刚收到礼物就着急给对方还礼，这样好吗？

瘦高个儿

这主要取决于你与对方的关系以及礼物的性质。如果关系亲近，且礼物寓意深厚，及时还礼能表达你的感激和尊重。如果你需要时间仔细挑选合适的礼物，或想在一个特殊的日子回赠，稍作延迟也无妨。重要的是，还礼要真诚、用心，让对方感受到你的诚意和情谊。

胖邻居

6 还礼时不知道用什么理由？

瘦高个儿

在还礼时，找一个简单而真诚的理由至关重要。你可以由衷地感谢对方之前的帮助或陪伴，表达这份情谊对你而言多么重要，因此想以一份礼物作为回馈，让对方知道你的感激之情并非言语所能尽述。或者，你可以提及对方之前赠送的礼物，表示那份礼物非常实用，给你的生活带来了很大的便利和快乐。此外，你还可以借助一些特殊的日子，如节日、生日或纪念日等，作为还礼的契机。这样的日子本身就充满了温馨和祝福，你的礼物也能更加自然地融入其中，让对方感受到你的细心和关心。

胖邻居

瘦高个儿

7 还礼的次数有限制吗？

胖邻居

关于还礼的次数，并没有一个固定的标准或限制。这主要取决于双方关系的紧密程度、礼尚往来的传统习惯以及所处的文化背景等多种因素。在大多数情况下，当我们收到他人的礼物时，及时且恰当地还礼是一种表达感激和尊重的方式。这不仅能体现我们的礼貌和教养，还能加深彼此之间的情感联系。然而，如果双方关系非常深厚，且在日常生活中的互动非常频繁，那么多次还礼也是自然而然的事情。这不仅能进一步巩固彼此的关系，还能让双方都感受到更多的温暖和快乐。但无论如何，我们都要保持真诚和适度的原则。

瘦高个儿

8 我想向对方表示尊重和感激，但不想通过赠送礼物来还礼，有什么好建议吗？

胖邻居

你可以写一封真挚的感谢信或电子邮件，表达你对对方的敬意和感激之情。或者邀请对方共进午餐或晚餐，通过面对面的交流来传达你的尊重。又或者在对方需要帮助或支持时，主动伸出援手，以实际行动来回报对方的善意。

瘦高个儿

9 还礼时如何做到量力而行？

胖邻居

首先，你应该考虑自己的经济状况，不要为了面子或炫耀而选择超出自己承受范围的礼物。礼物的价值并不在于价格高低，而在于心意和真诚。其次，你应该根据与对方的关系亲疏来决定礼物的轻重。如果关系一般，选择简单实用的礼物即可；如果关系深厚，可以稍微用心一些，但也不必过于奢华。最后，别忘记考虑对方的喜好和需求。选择一份对方真正喜欢且需要的礼物，比盲目追求贵重更有意义。

10

瘦高个儿

朋友在我生日时送了我一件漂亮的衣服，我该如何还礼？

胖邻居

你可以在朋友生日的时候，精心挑选一件适合朋友风格的配饰，如项链、手链或围巾等。你也可以在观察朋友近期的需求后选择礼物，如果朋友提到喜欢某个包包，在合适的时候送上符合朋友喜好的包包，不仅还了礼，还能增进你和朋友的感情。

11

瘦高个儿

别人在我生病时送了我水果和营养品，我该怎么还礼？

胖邻居

还礼可以选择具有心意与实用性的物品。你可以精心挑选一束鲜花，如百合、向日葵等，为对方送去生机与美好心情。若是对方有饮茶习惯，一套品质上乘的茶具或特色茶叶礼盒会是不错的选择。你也可以考虑定制一些带有对方名字或有纪念意义图案的保温杯、笔记本等专属礼品，展现独特关心。或者你也可以亲手制作一份点心、果酱，用满满的诚意表达感激，让还礼成为传递情谊的新起点。

12

瘦高个儿

亲戚在我搬入新居时送了我一套精美的餐具，我该如何还礼？

胖邻居

你可以在亲戚家有喜事的时候，比如孩子升学、长辈生日等，送上一份合适的礼物。例如，你可以送一个精致的花瓶或者一幅漂亮的装饰画，为亲戚家增添美感。你也可以在节日的时候，给亲戚送上一些特色食品或者实用的家居用品。你还可以根据亲戚的特殊喜好来进行选择，如亲戚喜欢养花，就考虑送上一些花卉种子或者养花工具。

瘦高个儿

13 同事在我结婚时送了我一份贵重的礼物，我该怎么还礼？

胖邻居

你可以选一款精致的家居摆件，如艺术花瓶或创意雕塑，为其家居增添格调。如果同事喜爱阅读，一套经典图书或电子阅读器会是不错的选择。你也可在其生日或重要节日时，准备一份丰盛的美食礼盒，如进口巧克力或特色点心。你还可以邀请同事到家中享用一顿精心烹制的大餐，通过这些方式，以真诚和用心回馈同事的情谊，维系良好关系。

瘦高个儿

14 朋友在我的孩子出生时送了婴儿用品，我该如何还礼？

胖邻居

你可以在朋友家有新生命诞生时，送上一份适合宝宝的礼物，如可爱的婴儿服装、玩具等。你也可以在朋友需要帮助照顾孩子的时候，主动伸出援手，比如帮忙照看孩子一会儿，让朋友有时间休息。你还可以在朋友举办宝宝满月酒等活动时，送上一份精心准备的礼物，如婴儿相册或者定制的宝宝纪念品。

瘦高个儿

15 邻居在我出差时帮忙照顾我的宠物，还给我的宠物买了罐头，我该怎么表达谢意？

胖邻居

你可以给邻居送上一份小礼物，如一盒巧克力或者一束鲜花，表达对邻居的感谢之情。如果你的邻居也养了宠物，你可以在他需要的时候，比如出差或者忙碌时，主动帮忙照顾他的宠物或者做一些力所能及的事情。

16

瘦高个儿：别人在我参加比赛时为我加油并送了小礼物，我该如何表达感谢？

胖邻居：你可以在别人参加比赛或者活动时，为他加油助威，并送上一份鼓励的小礼物，如一瓶运动饮料或者一条毛巾。你也可以挑选一本与对方兴趣相符的图书送给他，同时附上一张写有感谢话语的精美书签。定制一款带有对方名字缩写或有纪念意义图案的钥匙链也是个不错的选择，小巧便携又独具匠心。如果对方热爱运动，一双舒适的运动袜或一款运动手环，能让他在锻炼时感受到你的贴心。你也可以亲手烘焙一些小饼干或点心，装在精致的盒子里送给他，用甜蜜与温暖回报他的加油鼓劲，巩固彼此的情谊。

17

瘦高个儿：亲戚在我遇到困难时给予了经济上的帮助，我该怎么还礼？

胖邻居：你可以在节假日为其精心准备一份美味佳肴，邀请他们来做客并向他们表达你的谢意。你也可以挑选高品质的保暖衣物或舒适的床上用品，为他们送去关心与温暖。若亲戚有旅行计划，你可以为他们送上实用的旅行背包、颈枕等装备。你还可以为他们订阅一份健康养生杂志或文化读物，丰富他们的精神生活，以此表达你的感激之情。

18

瘦高个儿：朋友在我心情不好时陪伴我并送了小礼物，我该如何还礼？

胖邻居：你可以在朋友心情不好的时候，同样陪伴在朋友身边，给予他安慰和支持。你也可以送上一份能让朋友心情变好的礼物，如一本有趣的书、一束鲜花或者一个小饰品。你还可以在朋友有重要活动或者聚会时，送上一份精心准备的礼物，如一瓶香水或者一个漂亮的手包。

瘦高个儿

19

同事在我获得晋升时送了我礼物，我该怎么还礼？

胖邻居

你可以在同事获得晋升或者取得成就时，送上一份祝贺的礼物，如一支高档的钢笔或者一个精致的办公摆件。你也可以在同事需要帮助的时候，主动提供支持和帮助，比如协助他完成一项重要任务。你还可以在平时的工作中，与同事分享自己的经验和资源，共同进步。

人情世故说一说

大家都知道要礼尚往来，但要注意拿捏好分寸，看准时机，别因为送礼、还礼给自己添麻烦。收了别人的礼物，要记在心里，找个合适的时机还个礼。还礼的方式也很重要，要既能表达感谢，又能增进感情。

那么，在日常生活中，我们在还礼时该注意些什么呢？

场景一：同事在你遇到困难时送了一份很贴心的礼物，应该怎么还礼呢？

你可以等待一个合适的机会，比如同事的生日或者某个项目成功时。如果时间比较紧，也可以在下次和同事一起加班的时候，带上一份小点心表达感谢。礼物还可以选择价格差不多的办公用品或者和同事送的礼物同类的物品，比如同事送了一本书，你可以回赠一个有创意的笔记本。

场景二：朋友旅行回来送了你一份很有特色的礼物，你该怎么准备还礼呢?

你可以在朋友下次外出旅行前，为他准备一份实用的旅行用品，或者在朋友的家庭聚会等喜庆活动时送上一份礼物。回赠的礼物可以是和朋友送的礼物相关的物品，比如朋友送了当地的特色食品，你可以回赠一些与美食相关的书或者餐具。

场景三：长辈在你毕业之际送了你一份很有意义的礼物，你该如何还礼呢?

你可以在长辈的生日或者一些传统节日，为长辈送上一份回礼。回礼可以是长辈喜欢的物品，也可以是励志、教育、健身方面的礼物，比如一本适合长辈阅读的图书、一个按摩器等。也可以通过书面的方式，给长辈写一封感谢信，表达自己的感激之情和对长辈的祝福。

人情世故之道

还礼并不是像完成任务一样，只要回赠一件物品就大功告成，它关乎真心与关怀。还礼前，你应该琢磨对方的喜好，挑选出能传递你的感激与真诚的礼物，这样才能巩固关系，赢得好评。礼物的价值不在于价格，而在于你花的心思。恰当的还礼，能让情谊升温，让彼此的心更贴近。所以，还礼要用心，要让对方感受到你的谢意与尊重，这样的礼物才能收到良好的效果。

人情世故小问答

1. 回想你最近送出的一份礼物，是如何做到投其所好的？有哪些经验可以分享？

____

____

2. 你觉得最难选择礼物的是哪个场合？为什么？

____

____

3. 你是否了解过一些礼物的特殊寓意？有没有因为礼物寓意而产生特别感受的经历？

____

____

4. 你在挑选礼物时最看重的因素是什么？有没有挑选礼物失败的经历及从中吸取的教训？

____

____

5. 在送礼物时，你有没有因为忽略了某些细节而感到遗憾？下次会注意哪些方面？

____

____

6. 当你收到别人的礼物时，你是如何做到恰当回应以体现礼尚往来的人情世故的？

____

____